Neale Donald Walsch

LO ÚNICO QUE IMPORTA

Neale Donald Walsch nació en Milwaukee, Estados Unidos, en 1943, y creció en una familia católica romana que lo animó en su búsqueda por la verdad espiritual. Estudió la Biblia, el Rig Veda, los Upanishads, y se dio a conocer por sus volúmenes de Conversaciones con Dios. Sus libros, según él, no están atados ni son secuelas; son inspirados por Dios y pueden ayudar a una persona relacionarse con Él desde una perspectiva moderna.

LO ÚNICO QUE IMPORTA

Libro 2 de la serie Conversaciones con la Humanidad

Neale Donald Walsch

Traducción de
Leidy Guerrero Vilalobos

VINTAGE ESPAÑOL
Una división de Penguin Random House LLC
Nueva York

PRIMERA EDICIÓN VINTAGE ESPAÑOL, FEBRERO 2016

Copyright de la traducción © 2015 por Leidy Guerrero Vilalobos

Esta novela es una obra de ficción. Los nombres, personajes, lugares e incidentes o son
producto de la imaginación del autor o se usan de forma ficticia. Cualquier parecido
con personas, vivas o muertas, eventos o escenarios es puramente casual.

Información de catalogación de publicaciones disponible en
la Biblioteca del Congreso de los Estados Unidos.

Vintage Español ISBN en tapa blanda: 978-1-101-91064-1

Para venta exclusiva en EE.UU., Canadá, Puerto Rico y Filipinas.

www.vintageespanol.com

Impreso en los Estados Unidos de América
10   9   8   7   6   5   4   3   2   1

Este libro está dedicado a Em Claire, la poeta americana cuya voz ha puesto fin a las ideas de soledad y aportado un nuevo nivel de sentimiento, entendimiento, claridad, honestidad y belleza a miles de personas alrededor del mundo. Estoy agradecido por todos los dones que nos ha dado, y a mí, de una manera especial, emocionante y que me ha cambiado la vida, como mi amiga más querida, mi esposa y verdaderamente mi compañera.

La vida tiene una razón y un propósito.
Todas las personas anhelan saber cuál es.
La mayoría no lo han entendido claramente.

Nos han dicho que el Instinto
Básico de la humanidad es la supervivencia.
Ese no es nuestro Instinto Básico en absoluto.

PRIMERA PARTE

Cuatro conversaciones cortas,
comienzo de una exploración más amplia que
has estado anhelando llevar a cabo
durante bastante tiempo.

1

Tu alma sabe exactamente lo que está haciendo

Querido Compañero de Viaje: Es maravilloso que hayas llegado aquí.

Hay algo que deseas saber y algo que deseas hacer, y la Vida lo entiende. Es por esa razón que estás leyendo esto. Es por esa razón que estás leyendo esto.

Esto es lo que deseas saber…

98% de las personas del mundo
están gastando 98% de su tiempo
en cosas que no importan.

Tú has sido parte de ese 98 por ciento. Ahora ya no lo eres. Desde este día en adelante, eliges emplear tu tiempo en Lo Único Que Importa. La pregunta es: ¿y qué es eso?

Esto es lo que deseas hacer…

Encontrar tu respuesta
a esa pregunta.

Esto requiere una exploración profunda del Ser. Estás en el lugar correcto para tan importante y notable proyecto. Confía en eso. Si no estuvieras en el lugar correcto para encontrar tu respuesta, no estarías aquí. No creas que llegaste por suerte a este libro.

No lo pienses.

Piensa esto: *Mi Alma sabe exactamente lo que está haciendo.*

Piensa también esto: *Mi Alma ya sabe lo que realmente importa.* De modo que esto no es un asunto de "encontrar" la respuesta, es un asunto de *recordar.* Este no es un proceso de descubrimiento, es un proceso de recuperación. Estos datos no tienen que ser *investigados,* simplemente tienen que ser *recobrados.*

∼

Comencemos aquí.

Algo muy inusual está ocurriendo en este planeta ahora mismo. Sin duda lo has notado. Esto puede estar originando una cantidad mayor de lo normal de desafío y desarticulación en tu vida, y tal vez incluso algunos trastornos importantes. Probablemente lo estás notando en las vidas de los demás también.

Durante un tiempo puedes haber pensado que todo esto era sólo tu mente jugándote malas pasadas; que las cosas no estaban sucediendo en realidad de manera diferente, y que no estabas sino un poco cansado, un tanto con demasiados compromisos, algo más sensible.

Pero ahora, cuando cada día se presenta con obstáculos cada vez mayores, desafíos en aumento y más y más cuestiones personales aparecen para enfrentarlas y remediarlas, es evidente que todo esto no es una ilusión, no es una exageración. Así que puedes estarte preguntando: "¿Por qué pasa todo esto? ¿Qué estoy haciendo mal?"

Y esta es la respuesta…

No estás haciendo *nada* mal.

Y… algo muy inusual *está* sucediendo en tu vida ahora mismo, y en todo el planeta.

∼

Llámalo un cambio de energía, llámalo ciclo cósmico, llámalo la restauración de la humanidad o como quieras, pero lo que está ocurriendo en la Tierra en este momento es, puedes estar seguro, muy real. Está tocando vidas emocional, física y espiritualmente. Algunas más que otras, pero ninguna es inmune.

Esta experiencia es de alcance mundial. Habla con la gente. Sólo tienes que preguntar. Habla con la gente en cualquier lugar, en todas partes. Te dirán: "Sí, la vida ha sido turbulenta últimamente. Más que de costumbre. Más de lo normal. Para algunos, más que nunca."

Ahora que hay un peligro en este caso, y ese peligro no radica en lo que está sucediendo, sino en cómo puedes *interpretar* lo que está sucediendo. El peligro es que veas lo que sucede como "malo", y luego reacciones con frustración o miedo, o incluso ira (que es Miedo Declarado), haciendo exactamente lo contrario de lo que podría serte útil.

El mayor peligro es que, debido a lo inexacto de tu percepción, pierdas una oportunidad única-en-la-vida (*literalmente* única-en-la-vida).

La buena noticia es que tu alma está trabajando duro para garantizar que no lo hagas. Está trabajando en esto ahora mismo, *en este momento*.

Por última vez: ¿De verdad crees que es *casualidad* que estés leyendo esto...?

2

¿Puedes creerlo?

La vida te ama. Puede que no lo parezca en este momento, y tal vez te dobles de risa cuando escuches esto, pero la vida te ama y te está apoyando, y es por eso que *estás recibiendo una Invitación Especial por parte de la Vida en este día.*

Tal vez seas capaz de sentir esta invitación, de la misma manera en que durante las horas de sueño por la mañana tienes esa sensación de que es hora de despertar.

¿Alguna vez has tenido esa sensación? No está sucediendo nada en particular. No hay ninguna alarma sonando. Nadie ha entrado en la habitación a despertarte. Sólo existe un conocimiento interior: *Es hora de despertar.*

Puede que sientas en estos días un entusiasmo silencioso revolviéndose dentro de ti, generando una disposición incansable para responder a una voz interior suave pero persistente que continúa susurrando…

…NO TIENE QUE SER ASÍ.

~

Esa voz interior tiene razón. Tu vida *no* tiene por qué ser una serie de crisis preocupantes y desafiantes que involucren las finanzas o las relaciones personales o la salud o la familia, o todas ellas. O, para el caso, algunos días nada en particular… sólo una molesta sensación de *descompostura.*

Tampoco el mundo en general tiene que ser un contenedor de calamidad constante abarcando su gobierno y su política, su comercio y su economía, su medio ambiente y la ecología, las culturas y las religiones.

Escucha a esa voz…

...NO TIENE QUE SER ASÍ.

Esto no es hacerse ilusiones. Esa es la voz de tu Conciencia.

Lo que ocurre en tu vida en este momento es que tu Conciencia crece, y ahora escuchas su voz.

En términos estrictos no es posible un "crecimiento" de tu Conciencia. Tu Conciencia es lo que es; no "crece" más y más. Esto es porque tu Conciencia descansa dentro de tu Alma, y tu Alma no se hace más grande o de alguna manera "más" de lo que siempre fue y es ahora.

Es tu *Mente* la que se expande. Para facilitar la comprensión de esto, se podría decir que la Conciencia reposa en el Alma y la Atención reside en la Mente.

Así que para poner de otra manera lo que está ocurriendo en tu vida, ahora estás prestando *mayor Atención* a tu Conciencia. Una cosa es ser "consciente", pero otra muy distinta es prestar atención a aquello de lo que tu Alma es consciente (en lugar de ignorarlo, lo que la mayoría de la gente hace la mayor parte del tiempo).

Esta mezcla de las dos es lo que podría llamarse Conciencia Amplia. Cuando tu Mente presta atención a tu Alma, y tu Mente y Alma llevan en consecuencia la misma información, acogen la misma idea, y poseen la misma perspectiva, podría decirse que eres *plenamente consciente*.

Por lo tanto, en términos reales, es tu Conciencia Amplia la que se está expandiendo en la medida en que la Conciencia de tu Alma consigue la Atención de tu Mente.

~

Y es aquí donde existe el riesgo de una mala interpretación: el aumento en tu Conciencia Amplia trae consigo *un aumento de sensibilidad hacia todos los aspectos de la vida*. Esto sin duda ha dado lugar a una expansión del *efecto* que la Vida tiene sobre ti, y podría sentirse como si todo estuviera *en tu camino*, interponiéndose entre la paz y tú, porque el mismo tipo de experiencias de vida que sólo hasta hace poco te parecían escasamente difíciles, ahora se sienten como una "sobrecarga".

Probablemente te has estado preguntando qué sucede y por qué no pareces estar "manejando las cosas" con la misma facilidad.

Bueno, es muy sencillo: no te estás volviendo menos capaz, te estás volviendo más capaz que nunca. Pero te estás *adaptando a ello* a medida que la Vida te pide poner más atención a más cosas de más formas por más tiempo.

Añade a esto el hecho de que hay más información *en todo aquello* de lo que *puedes* ser consciente (las nuevas tecnologías del mundo hoy en día han puesto más información al alcance de alguien con 15 años de edad que a la que el presidente de Estados Unidos tenía acceso hasta hace unos años), y puedes ver el desafío que eso significa.

Y no se detiene ahí. Más cosas parecen estar desmoronándose al mismo tiempo por todos lados más que nunca: de los sistemas financieros a los sistemas políticos a los sistemas sociales, e incluso los sistemas meteorológicos.

Así que aquí estás, en medio de La Tormenta Perfecta: una confluencia de energías en expansión, hallazgos en aumento y acontecimientos negativos en rápida multiplicación que tienen como resultado tiempos muy interesantes. Por decir lo menos… unos

Tiempos.

Muy.

Interesantes.

Sin embargo, es como la maestra espiritual Mary O'Malley expone de forma sucinta y maravillosa: "Lo que hay en el camino *es* el camino".

~

La razón de que los acontecimientos de la vida para muchas personas parecen estar *en el camino* es que no tienen idea de *adónde van.* No saben que en el camino que *debían* tomar, *no* hay obstáculos.

Los obstáculos que las personas encuentran no han sido arrojados por la Vida de repente y sin piedad justo en mitad del camino por el que transitan. Más bien, la senda por la que viajan *es la que ya tenía obstáculos.*

¿Por qué? ¿Por qué la gente estaría viajando por la carretera con todos los desvíos, todas las trampas y los baches y las piedras que hacen tropezar, y por último, todos los callejones sin salida?

Es porque han recibido instrucciones precarias, o un mapa muy mal trazado.

La manera en que a la gente se le ha *dicho* que se supone que deben ir, no es la manera con la que *llegaron* aquí para partir. Y es *por eso* que 98% de los habitantes del mundo están gastando 98% de su tiempo en cosas que simplemente no importan.

Al reorientar *esa* situación, reorientarás tu *vida.*

3

Es importante que sepas que *sabes* lo que sabes

Eso ya lo sabes. En lo más profundo de nuestro ser, ya sabes esto que acabamos de decir. Tu propósito al acercarte a estas páginas no es descubrir algo que no sabes, sino recordar lo que sí sabes; de modo que puedas *saber* que sabes.

"Saber que sabes" es un paso importante para vivir una vida centrada en Lo Único Que Importa. Es posible que hayas *olvidado* que sabes que sabes, pero el primer Recuerdo que te llega aquí corrige todo eso. El preciso primer Recuerdo es que sabes que sabes. Ahora *recuerdas* que sabes que sabes, porque has "recordado que recuerdas".

Habrá muchos otros Recuerdos igualmente importantes en las exploraciones que siguen. Estos Recuerdos —que podrías llamar "Conocimientos del Alma"— son precisamente lo que tu Alma trajo a tu Mente a encontrar aquí. Así que es posible que desees tenerlos presentes.

~

Un Conocimiento del Alma:
Ya sabes todo lo que necesitas saber, y *sabes* que sabes.

Es imposible exagerar el impacto de "saber que sabes". Recordar que *sabes* que sabes te libera inmediatamente de cualquier pensamiento de impotencia, desesperanza y desventura. Sin embargo, una vez que sabes *que sabes*, anhelas saber *lo que sabes*, *específicamente*. Tu *Mente* querrá saber de lo que tu *Alma* es consciente.

Es en tu Alma donde se halla tu conciencia más profunda, pues la conciencia emana del Conocimiento, y en tu Alma es donde se encuentra el verdadero conocimiento. La Mente almacena Experiencia, que se *confunde* con el Conocimiento.

Y lo que ahora puedes preguntarte es: "¿Cómo puedo *acceder* a todo este Conocimiento que supuestamente poseo?".

Pregunta justa. Muy buena pregunta. ¿Y la respuesta? La forma más sencilla de recuperar la información que ya tenías sobre la vida (pero puedes haber olvidado que tenías, o cómo acceder a ella) es *requerirla*.

Esta es otra manera de decirlo: Tráela *al frente*. Colócala a la vanguardia de tus pensamientos.

Puedes hacerlo de dos maneras.

Una forma es reunirla desde un lugar que parece estar fuera de ti. Eso es lo que en apariencia estás haciendo en este momento.

Una segunda manera es reunirla desde un lugar que está *dentro* de ti. Eso es lo que en realidad estás haciendo en este momento.

Parece como si estuvieras haciendo lo primero, pero en realidad estás haciendo lo segundo.

~

Estás invitado a conocerte a Ti mismo aquí, y eso es precisamente lo que viniste a hacer. (A la *Tierra*, no sólo con este libro. Pero *sucederá* en este libro, y quedará demostrado de una manera muy inusual.)

Una de las cosas que ya sabes, pero que a veces olvidas, es que *nada sucede por accidente,* y que *las coincidencias no existen*.

Esto es porque sabes que es cierto que la llegada de este libro a tu vida en este momento preciso no puede ser exactamente una sacudida.

Por supuesto, no pretendía ser una sacudida. Fue pensado para ser una *confirmación*. Y la confirmación es muy oportuna *en este preciso día*, porque hay energías, situaciones y circunstancias ahora mismo en tu vida que te han tentado a *cuestionar* seriamente lo que sabes, si no es que a negarlo por completo.

No lo hagas.

No.

Hagas.

Eso.

Eso no va a servirte.

Esto sí.

Moverte aún más plenamente en este momento y esta experiencia te servirá.

Confía en que tu Alma sabe, siempre, lo que después te servirá. De hecho, es *por eso* que lo que sucede después, *sucede después*.

4

Estás a punto
de volverte escritor

Ahora espera a ver lo que sucede a continuación. No creerás lo que sucede a continuación.

Estarás escribiendo este libro.

"¡Es una locura!", podrías decir. "Estoy *leyendo* este libro, no *escribiéndolo*." Ah, sí, pero espera. La magia está a punto de ocurrir.

~

¿Alguna vez has escuchado la frase: *Todos somos Uno?* Por supuesto que sí. Ya la has escuchado miles de veces. Pero ¿alguna vez has pensado cómo sería si fuera *verdad*? ¿No sólo conceptualmente, sino en realidad, *material, funcionalmente*?

Bueno, *es* cierto.

En realidad.

Materialmente.

Funcionalmente.

No existe nadie más excepto Tú, en diversas formas.

Para mucha gente, esto al principio suena "pretencioso" y demasiado abstracto para acogerlo como una noción que funcione en la realidad. Sin embargo, considerado dentro de un contexto más amplio, un contexto muy amplio, podría comenzar a caer al menos dentro de los confines del reino de lo posible.

Echemos un vistazo.

Todos estamos hechos de "lo mismo", habiendo evolucionado de la misma Fuente Inicial. Para usar una analogía: cuando

Un Conocimiento del Alma: Todos somos Lo Mismo, individualizado.

el océano apareció por primera vez, y luego se expandió, no fue creado como algo distinto de sus gotas. Una gota del océano es lo mismo que el océano. *Es* el océano, en forma más pequeña. Ni una sola gota es *diferente* al océano. Todas las gotas del océano son Una Cosa: EL OCÉANO

No sería, por lo tanto, desacertado que una gota del océano le dijera a otra gota: "Todas Somos Uno". La segunda gota simplemente diría: "Por supuesto que lo somos. El hecho de que nos hayamos *singularizado* no significa que seamos *distintas* de las demás, ni nos hemos apartado de aquello de lo que somos una singularización. Todas somos lo mismo, El Océano, en forma singular".

Esto también es cierto acerca de los seres humanos. Todos somos Lo Mismo, simplemente individualizados. No estamos separados de Aquello De Lo Que Hemos Salido, ni somos "distintos" el uno del otro.

～

Ahora podrías pensar: "Bueno, todo eso es muy bonito, es un muy buen modelo del mundo, pero no hay manera de poner esto en práctica en la realidad de nuestra vida cotidiana".

Y sería comprensible si lo pensaste. Somos, después de todo, seres separados en apariencia, incluso si de hecho no lo somos. Estamos, sin duda, actuando como si fuéramos seres separados, aun si todos somos Lo Mismo. Tanto actuamos de esta manera que si las distintas Partes de Nosotros dijeran a *otras* Partes de Nosotros que creemos que sólo hay Uno de Nosotros, las demás Partes de Nosotros se reirían.

Y si *insistimos* en que Todos Somos Uno, las otras Partes de Nosotros no harían más que reírse de Nosotros. Nos apartarían en algún lugar, de modo que no pudiéramos contaminar el resto de Nosotros. Y si eso no nos callara... bueno... tendrían que tomar otras medidas.

¿Por qué? ¿Por qué estas cosas siniestras que suenan como salidas de una mala película? Porque la idea de que Todos Somos Uno *pone todo de cabeza en el mundo.*

Sin duda pone de cabeza nuestra economía global. ¿Cómo actuaríamos?

Sin duda pone de cabeza nuestra política global. ¿Cómo actuaríamos?

Sin duda pone de cabeza nuestra sociedad global. ¿Cómo actuaríamos?

Y... aquí viene... cuidado ahora... sin duda pone de cabeza nuestra teología mundial *absoluta y positivamente.* ¿Cómo actuaríamos?

Todo lo que pensamos que era cierto, no sería cierto. Todo lo que pensamos que *no* era cierto sería cierto. ¿Cómo podríamos ser capaces de defendernos? ¿Cómo podríamos ser capaces de luchar por lo que es correcto? ¿Cómo podríamos ser capaces de justificar *matarnos* unos a otros por lo que está bien, si pensamos que estábamos matándonos a *nosotros mismos* por lo que ni siquiera es cierto?

~

Bien, así que tal vez deberíamos abandonar la idea. Borrar la declaración: Todos Somos Uno.

Olvidar que dijimos eso.

Permítete encontrar este material como si alguien más lo hubiera escrito y sólo estuvieras leyéndolo. Tal vez eso es suficiente para sentarse con este libro por primera vez. Esa es la manera segura, por lo que puede ser la mejor. Al menos por ahora. Tal vez podamos volver a esto un poco más tarde... como, tal vez, 10 capítulos a partir de ahora... después de haber sentado más bases.

O tal vez no. Ya veremos.

No, espera. Tenemos que hacerlo. Es una Necesidad absoluta, porque es esta Conciencia la que crea el único contexto dentro del cual Lo Único Que Importa puede emerger como una experiencia en nuestras vidas. Así que antes de acabar aquí, serás invitado a una sensación percibida de que Todos Somos Uno, porque *estarás escribiendo este libro*.

Pero por el momento no.

∿

Por ahora, volvamos al estilo literario original. Ese estilo supone que este libro está siendo escrito por otra persona y tú estás leyéndolo. Aceptemos esa idea y volvamos a la pregunta original: ¿Qué es lo que *importa*? Y... si prestas atención sólo a *eso*... ¿qué pasa con el *resto* de tu vida?

¿Cómo vives en este mundo sin prestar atención a las cosas en las que solías gastar 98% de tu tiempo? ¿Pasas el rato en una cueva? ¿Te metes a un monasterio? ¿Te conviertes en un esteta? ¿Te "sales del sistema" como miles en la contracultura de los *hippies* en los años sesenta, con comunas desilusionadas de los valores convencionales?

No. La idea aquí no es marcharse, o divagar en un arrebato meditativo, abandonando toda actividad constructiva. La idea es *volver a enfocar* la intención de tu vida, para que un día pueda decirse que 98% de tu tiempo se ocupa en cosas que *sí* importan.

La sorpresa aquí será que cuando esto suceda, tus actividades en sí probablemente no cambiarán mucho. Aun si todo el mundo en el planeta leyera este libro, estuvieran de acuerdo con él y comenzaran a emplear 98% de su tiempo en lo que *sí* importa, las actividades de la gente no se modificarían tanto.

La gente todavía se levantaría e iría a trabajar, o crearía alguna forma de sobrevivir.

La gente todavía se casaría y tendría hijos, o crearía a alguien para amar y que los amara.

La gente todavía correría y saltaría, bailaría, cantaría y reiría, o crearía alguna forma de entretenerse, de llevar alegría a sus días y noches, y de ser feliz.

> **Un Conocimiento del Alma:**
> No es lo que haces, sino cómo y por qué lo haces, lo que hace que importe.

Entonces la pregunta es: si lo que hacen los seres humanos no cambiará tanto, ¿qué hará que lo que hacen de repente *importe*?

La respuesta no radica en lo que hacen, sino en *cómo y por qué lo hacen*. La respuesta es: algo importa si conduce a y produce un determinado tipo de resultado: un resultado que el Alma desea. Un resultado que la Vida Misma desea.

Es cuando la forma en que haces algo *facilita* la Meta Más Grande que estás tratando de alcanzar, que eso *importa*.

Sin embargo, lo que los seres humanos hacen no puede facilitar lo que tratan de lograr si no *saben* lo que tratan de lograr. Deben ser conscientes de la Meta Más Grande que buscan alcanzar. Y ahí radica el problema. *La mayoría de la gente no sabe lo que hace.*

Eso no se debe entender peyorativamente de ninguna manera. Se trata de una simple declaración de la realidad. La mayoría de las personas comprenden escasamente la naturaleza del Viaje en el que se encuentran, y mucho menos la forma de llegar al destino que desean.

Son las cosas que hacen en el día a día las que juegan un papel muy importante en aproximarlos, *o alejarlos*, de su Meta Más Grande, sin embargo, la mayoría no son conscientes de dónde tenían intención de ir en principio, y así, como un comediante irónicamente señaló: "Si no tenemos cuidado, todos vamos a terminar exactamente allá adonde nos dirigíamos".

Hoy la Tierra está llena de miles de millones de personas que esperan desesperadamente "llegar a alguna parte", pero sin tener idea de hacia dónde se dirigen.

~

El primer paso para clarificar hacia dónde estás yendo es clarificar dónde te encuentras en *este momento*, *quién* eres, en principio, y *por qué* estás *aquí*.

En la Tierra, es decir.

¿Qué haces aquí? ¿Cuál es el objetivo de esto? ¿Cuál es el propósito de la Vida?

Estas son las preguntas que deben ser contestadas antes de que puedas comenzar a tomar decisiones acerca de Lo Único Que Importa, ya no digamos vivir tu vida diaria enfocada en ello. Así que los próximos capítulos —la Segunda Parte de este libro— estarán dedicados a una investigación profunda sobre estas mismas preguntas.

A medida que avances por las siguientes páginas, ten en cuenta que esta es una exploración que tu Mente ha anhelado fervientemente. Tu Mente, como ves, ha intentado durante años dar sentido a una vida que no tiene sentido en absoluto. Ahora, gracias al Conocimiento de tu Alma, pondrás todo lo que está sucediendo en tu vida en un nuevo contexto, un contexto en el que la vida por fin tiene sentido.

(NOTA: Si estás algo impaciente en esta coyuntura y no deseas involucrarte en esta investigación ahora mismo sino que prefieres pasar directamente a una charla acerca de cómo es enfocar tu vida de tal manera que 98% de lo que hagas *importe*, no dudes en saltar a la Tercera Parte de este libro. Pero sólo para que sepas: con el tiempo muy probablemente terminarás volviendo a la Segunda Parte, a leer las exploraciones profundas de los capítulos 5-18, porque es allí donde se define y describe toda la construcción de la vida, que es lo que *hace* que Lo Único Que Importa *importe*.)

SEGUNDA PARTE

~

Una explicación de los más grandes
misterios de la vida, y por qué
sólo hay una cosa que importa.

Oh, sí... y también revelar
lo que eso es.

5

De vuelta a lo básico

QUERIDO, DULCE Y AMABLE SER: A medida que avanzamos más profundamente en esta exploración, demos un paso atrás y echemos un vistazo a algunos de los conceptos fundamentales, incluido este: estás aquí en un viaje. Y no, no es el viaje desde el nacimiento hasta la muerte. Es un viaje desde mucho antes del nacimiento hasta mucho después de la muerte.

La importancia y las implicaciones del Viaje en el que te encuentras apenas puede comprenderlas tu Mente. Pueden comprenderlas... pero escasamente.

¿Esto es porque tu Mente es tan incapaz, tan ineficiente? No. Es porque tu Mente ha recibido muy poca información sobre el Viaje mismo.

Aprendemos al respecto de manera muy indirecta. No porque nuestros mayores y nuestros maestros nos hayan sentado y nos dijeran todo lo que necesitamos saber acerca de ello (después de todo, ellos no han recibido más información de la que nos proporcionan), sino porque nuestro arte ha hecho lo mejor posible para cerrar la brecha.

Es la cultura de la humanidad la que nos habla de la experiencia en la que nos encontramos. (Y es por eso, por cierto, que el movimiento para eliminar las "actividades culturales" —música y teatro, el arte y otras expresiones creativas— de nuestras escuelas, dejando las aulas llenas de niños para examinar sólo nuestra historia, es tan abrumadoramente perjudicial para nuestro sentido de quiénes somos y por qué somos.)

Necesitamos la cultura y el esoterismo —relatos y canciones, películas y obras de teatro, la narrativa y la poesía y muy buena televisión— para hablarnos acerca de nosotros mismos de una manera más completa.

La poeta estadounidense Em Claire hizo exactamente esto, capturar la esencia de nuestro viaje, cuando escribió…

Dejé El Hogar desde hace tanto tiempo
que no reconocería mi propia cara.
Yo construí el Barco de mi Vida
y salí de viaje
al mar abierto
saludando a todos los que sabían
que los mares me darían
todo lo que pudiera manejar
y todo lo que no
y sin embargo dijeron adiós, y partí
al mar abierto
en el Barco de Mi Vida:
construido a partir del alma, armado de memoria
y con gran inocencia me abandoné
al mar abierto
y he estado lejos de mi Hogar
tanto tiempo que no reconozco mi propia cara
pero sé que el Hogar
el Hogar
me recuerda.

"Mucho tiempo en el mar"
© 2007 Em Claire

La importancia y las implicaciones de este Viaje en que te encuentras escasamente pueden ser comprendidas por tu Mente. *Pueden* ser comprendidas… pero escasamente.

¿Esto es porque tu Mente es tan incapaz, tan ineficiente?

No. Es porque tu Mente ha recibido muy poca información sobre el Viaje mismo. La minúscula cantidad de información que hemos recibido de aquellos que simplemente escriben sobre nuestra historia y nuestras ciencias físicas ha carecido por completo de cualquier detalle meta-físico o espiritual verdaderamente importante. O, peor aún, ha estado plagada de errores.

Todo eso terminará aquí.

∼

Has traído tu Mente a esta autoexploración para recordar tres cosas: *a)* el propósito del viaje de tu vida, *b)* los caminos que este viaje puede tomar, y *c)* el destino del viaje.

Tu recuerdo iniciará con unas cuantas cosas básicas más. Pero primero una solicitud, de tu Alma a tu Mente:

Debido a que se trata de cosas "básicas", mucho de lo que leerás en estos próximos pasajes podrías percibirlo como "noticias viejas". Sé paciente entonces.

Una amable petición, ¿no?

No es algo malo que te recuerden lo que ya sabes. De cualquier modo la mayoría de las personas no están *aplicando* lo que ya saben, y ese es el punto. Tal vez refrescar la memoria estaría muy bien ahora.

Y quizás hay uno o dos pequeños trozos de información que no puedas recordar completamente, un recuerdo que podría cambiarlo todo.

Así que por favor ten paciencia.

Ahora, pues… a los conceptos básicos.

~

Tú no eres tu cuerpo. Tu cuerpo es algo que tienes.

Tú no eres tu mente. Tu mente es algo que tienes.

Tú no eres tu alma. Tu alma es algo que tienes.

¿Quién, entonces, *eres tú*?

Tú eres la suma total de todas estas cosas: un ser sensible, amoroso, cariñoso, sensitivo y compasivo que *tiene* estas cosas, cada una de ellas con un propósito y una función que sirve a la agenda de los tres.

Este trío de Cuerpo/Mente/Alma se mencionará en esta autoexploración como La Totalidad de Ti.

La función de la Mente es garantizar la supervivencia de la actual fisicalización de La Totalidad de Ti durante todo el tiempo que sea necesario para cumplir con la Agenda del Alma.

> **Un Conocimiento del Alma:**
> Tú eres la suma total de Cuerpo, Alma y Mente, y cada uno de estos aspectos tiene un propósito y una función, pero sólo uno tiene una agenda: el Alma.

La función del Cuerpo consiste en reunir datos del entorno físico para ayudar a la Mente a garantizar tu supervivencia, y poner dentro de ese ambiente, en forma física, las ideas no físicas, conceptos y decisiones de la Mente.

La función del Alma es experimentar tantos aspectos como sea posible de Quién y Qué Es en Realidad, utilizando el Cuerpo, la Mente y el entorno físico en el que ella misma se ha puesto, como herramientas para lograrlo.

~

Debido a que tu Mente ha recibido poca información —o peor aún, completamente imprecisa— acerca de la Agenda del Alma (que es la agenda de la *Vida*), ni tu Mente ni tu Cuerpo pueden cumplir con esa agenda muy a menudo, a no ser que estés trabajando en *conjunción* con el Alma.

Ahora mismo, si tu Mente no sabe lo que el Alma, tu vida podría sentirse como si fuera llevada en distintas direcciones. En realidad, tu mismo propósito para estar en la Tierra podría resultar comprometido, si no es que ignorado por completo.

Esta es, de hecho, la circunstancia en la que hoy se encuentra la mayor parte de la humanidad.

~

Lo que debe ocurrir si deseas vivir una vida que contribuya a tu propósito verdadero es que tu Mente debe poner en su base de datos aquello de lo que el Alma ya está consciente, de modo que puedas obtener la *experiencia* de ello. El Alma guarda Conocimiento, mientras que la Mente crea la Experiencia, de lo que llamas Realidad.

Esta es justo la razón de que La Totalidad de Ti viniera al reino físico: para Experimentar aquello de lo que tiene Conocimiento pleno. Pero si la información de la Mente no *incluye* la Conciencia del Alma, las experiencias siguientes que la Mente cree no serán expresiones de lo que el Alma sabe, y eso *no* contribuirá a La Totalidad de Ti.

Es muy importante entender que la "base de datos" a partir de la cual puedes construir cualquier realidad presente (es decir, la información que está almacenada en tu interior) existe en *dos sitios diferentes* y se puede acceder a ella de *dos maneras distintas.*

El reto de la vida humana es que la mayoría de la gente no sabe esto, o lo *sabe,* pero aún no han aprendido cómo cambiar su punto de enfoque de una fuente de información a la otra a voluntad… y mucho menos a las dos juntas.

Lo que estamos diciendo aquí es que la información acerca de la Vida está guardada en la "memoria" dentro de la Totalidad

LO ÚNICO QUE IMPORTA

de Ti, y que una clase de memoria es Física, mientras que la otra es Metafísica. El primer tipo lo hemos llamado Experiencia y el segundo Conocimiento. El primer tipo de memoria genera Deseo (un anhelo de más experiencia), el segundo revela Intención (un anhelo de una *clase* particular de experiencia, basada en el Conocimiento, no en la Experiencia previa).

~

Como puedes haber adivinado, el primer tipo de "memoria" está almacenado en la Mente, el segundo en el Alma. La Mente captura, categoriza, archiva y saca recuerdos de cada experiencia que tu Cuerpo y Mente hayan tenido. El Alma es el depósito de todo el Conocimiento acerca de Quién Eres, Dónde Estás, Por Qué Estás Donde Estás, y todos los demás aspectos de la Vida Eterna. Este Conocimiento es lo que también ha sido llamado aquí tu Conciencia. Los términos son usados como sinónimos.

> **Un Conocimiento del Alma:**
> Cuando tu Experiencia Presente y tu Conciencia Presente se encuentran, el Deseo de la Mente y la Intención del Alma se vuelven Uno.

Como se explicó antes, la *suma* de estos dos "bancos de datos" es lo que los humanos llaman Conciencia Amplia. Sin duda has escuchado el término "incremento de conciencia". Esto se refiere al aumento o expansión de la base de datos de la Mente —su limitado almacenamiento de Experiencia— para incluir más del ilimitado Conocimiento o Conciencia de la Vida.

Experiencia+Conciencia=Conciencia Amplia.

El nivel de tu Conciencia Amplia depende de cuánta Experiencia hayas tenido no sólo de tu vida física sino también de tu vida metafísica, cuyo conocimiento existe en la Conciencia de tu Alma.

Cuando, en cualquier momento particular, tu Experiencia Presente (es decir, la experiencia que estás teniendo ahora, no tus recuerdos de experiencias previas) y tu Conciencia Presente (esto es, la conciencia a la cual ahora te has dado acceso) se encuentran, el Deseo de la Mente y la Intención del Alma se vuelven Uno.

Esta es, verdaderamente, una unión hecha en el cielo: la fusión de la Mente y el Alma. Y *lo que Dios une, el hombre no lo puede separar.*

6

Recordar de nuevo

Perdón si esto empieza a sonar un tanto como una conferencia universitaria sobre Metafisiología, pero los temas que hemos explorado son cosas sobre las que querrás saber si deseas vivir tu vida enfocándote en Lo Único Que Importa.

Este es otro ejemplo de información que encontrarás útil tener: es imposible para la Mente humana retener de una sola vez *todo* el Conocimiento guardado por el Alma.

Tan maravillosa y sofisticada como es la red de circuitos de la Mente, esos circuitos se "freirían" si fueran expuestos en un solo instante a la suma de lo que el Alma sabe. Sería como intentar dirigir toda la electricidad que llega a tu casa a un solo contacto. O, para usar una analogía distinta, como tratar de absorber el océano con una esponja.

Pero supongamos que esa esponja se exprimiera un poco de cuando en cuando, liberando un poco del agua que retiene. Entonces *podría* seguir absorbiendo el océano.

Esta es una alegoría simplista de cómo funciona la Mente. La capacidad de la Mente es finita. La fuente del Alma es infinita. La "esponja" de la Mente puede acceder al Conocimiento del Alma, y de verdad puede "absorberlo", pero sólo puede retener una cierta cantidad en cada ocasión. Si es demasiado, la Mente debe "exprimirse" para evitar verse sobrecargada. De que la Mente "olvide" algo de lo que alguna vez "supo".

Esto es exactamente lo que ha estado sucediendo contigo.

~

El proceso en el que te encuentras involucrado es un proceso de recuperar lo que la Mente ha olvidado, o dejado ir, de lo que sabía. Por esta razón mucho de lo que ahora se te dice (lo que ahora estás "recordando") parecerá "algo que siempre supiste".

Se sentirá como si hubiera "poco de nuevo" en esto, y sin embargo, lo "renovado" de que lo *recuerdes* "traerá a tu Mente" información de la que es bueno que te ocupes, porque será de mucho valor en este momento de tu vida. Y esa es otra manera en que la Mente trabaja. Sabe qué información *necesitas ahora,* qué datos requieres *en este momento,* y puede alcanzar sus millones de recuerdos (como los incontables archivos de tu computadora, que olvidaste que estaban allí siquiera) y recuperarla, sacándola *exactamente cuando la necesitas.*

> **Un Conocimiento del Alma:**
> La calidad de tu vida está determinada por aquello a lo que pones atención.

De modo que tu Mente saca lo que necesitas saber, y pone muuuy en el fondo aquello que no necesitas con urgencia. O, para seguir con nuestra analogía de la computadora, mientras tu Mente añade datos al archivo actualmente abierto en el escritorio, cierra otros archivos para que el sistema operativo funcione con más facilidad.

La historia está repleta de relatos de auténticos genios (Einstein, Edison, Steiner, etcétera) que no podían encontrar sus propios anteojos. (El archivo etiquetado ANTEOJOS: UBICACIÓN ha sido cerrado.) Podían encontrar las llaves del Universo, pero no podían encontrar las llaves de su propia casa.

A una persona así a menudo se le llama *abstraída,* y esa es una descripción perfecta. Ciertos datos son *abstraídos de su Mente,* de modo que otros datos —datos que ellos mismos juzgan como mucho más importantes— puedan acomodarse allí.

Y así es que mientras más recuerdas, más olvidas. Cómo se da esto en tu vida y cómo afecta tu funcionamiento diario, dependerá de qué datos elijas retener.

Si decides que los últimos resultados deportivos, la trama y los nombres de los personajes del último éxito cinematográfico, o las mejores estrategias para ganar en el videojuego más reciente son más importantes que los susurros de tu Alma, entonces serán los datos a los que te aferres, y la sabiduría de tu Alma apenas si será escuchada... mucho menos retenida.

Determinarás la calidad de tu vida según a lo que le pongas atención.

~

Es precisamente *debido* a que la capacidad de la Mente es finita y la del Alma infinita que, si la Mente desea revisar la información del Alma, necesitará hacerlo en partes y fragmentos. Algunas veces llamas a estos fragmentos y partes "vidas".

La Mente aporta el Conocimiento del Alma una existencia tras otra, convirtiéndolo gradualmente en Experiencia y almacenando luego este Conocimiento como "recuerdos" dentro de la Mente, una Mente que viaja con el Alma vida tras vida.

(¿Te sorprende? Espera. Todo esto será explicado en un instante.)

Cuando la Mente de una persona recupera información de una vida pasada (una gran cantidad de evidencia anecdótica indica que esta es una situación común), a menudo se dice que esa persona es un "prodigio": demuestra capacidades y habilidades, sabiduría y conocimiento mucho más allá de lo que la presente experiencia de vida parecería permitir.

~

Cuando, dentro de una existencia determinada, ocurre esa mezcla del Alma y la Mente de la que hemos hablado, el Viaje en el que te encuentras comenzará al fin a cobrar un sentido cada vez mayor, porque estás emprendiendo ese Viaje en un estado de Conciencia Amplia expandida. Tu perspectiva habrá cambiado y aumentado enormemente.

Hasta que tal mezcla de Experiencia y Conocimiento tenga lugar, sin embargo, tu vida muy a menudo (tal vez las más de las veces) *no* tendrá demasiado sentido. Y si estás usando sólo la información de la Mente (lo que la mayoría de la gente hace la mayor parte del tiempo) no conseguirías sino frustrarte tratando de *lograr* que tenga sentido.

Entonces irás de un lado a otro, de libro en libro, de conferencia en conferencia, de sermón en sermón, de taller en taller, y de maestro en maestro en busca de respuestas.

La buena noticia es que ya no tienes que desgastarte más. No tienes que ir a ningún lado o hacer nada. Todo lo que siempre necesitaste está donde te encuentras, dentro de ti, ahora mismo. En realidad nunca lo "necesitaste" en absoluto, en el sentido de no tenerlo. Simplemente necesitabas tener acceso a ello.

Sí, sí, lo sabemos… este es el Mantra del New Age (y la enseñanza de los Maestros Ancestrales también): "Todo lo que Buscas está Dentro de Ti". Y también hay que preguntarse: Si esto es cierto, ¿por qué la vida diaria a nivel personal es como es? ¿Y por qué el mundo está en un constante estado de crisis?

Es porque —aquí vamos otra vez— 98% de la población mundial pasa 98% de su tiempo en cosas que no importan. Ignoran la sabiduría de su Alma, ya sea porque no están conscientes de ella (no están "conscientes de su Conciencia"), o porque no saben cómo *acceder* a aquello de lo que están conscientes cuando lo necesitan. "Hablan mucho de las cosas", pero no son tan buenos para actuar al respecto.

Si alguno es tu caso, no lo será por mucho más tiempo. Si ninguno es tu caso, muy pronto recordarás las expresiones que pueden ayudar a otros, para quienes *ha sido* el caso.

Claramente, es por estas razones que estás aquí.

7

Superar el "¡Oh, no!"

Para este momento ya habrás tenido acceso a varios fragmentos de información importante. Este es otro más: el Viaje en que te encuentras, mencionado antes, es un Viaje Sagrado, que cumple un Propósito Divino.

Ahora bien, las palabras "sagrado" y "divino" pueden ser un auténtico obstáculo, todos lo sabemos. Pueden producir un gruñido inmediato de "Oh, no" de gente que no quiere escuchar acerca de lo "sagrado" o lo "divino". Suponen un reto especial para quienes adoptaron esos términos con entusiasmo, pero desde entonces han superado la religión organizada y sus dogmas.

Sin embargo, el viaje y el propósito que describiremos aquí no remiten de ninguna manera a las doctrinas de la Teología Estándar Reconocida. De hecho, esa teología los llamaría herejías.

Hablar de un Viaje Sagrado y un Propósito Divino también puede ser un reto para quienes nunca han creído en cualquier clase de presencia divina en absoluto, por no mencionar un "propósito divino".

Pero ahora establezcamos cierto terreno común: todos —ateos, agnósticos y antagonistas similares— creen en la Vida, en tanto experiencia común de la humanidad. De este modo, la invitación es a evitar los términos simples que pueden conducir al "Oh, *no*" e ir directo a la sabiduría interior que puede llevar a un "Oh, *vaya*".

La "Vida" es aquello que es más grande que cualquier individuo o sistema particular de creencias. Es aquello que anima todo en la existencia. Su energía está en todas partes. Sin su energía, nada de lo que es puede ser. Todo lo que alguna vez fue, es ahora, y será en algún momento, surge de la Vida.

La Vida es algo que obviamente está sucediendo. Se expresa en, como y alrededor de toda persona. Nadie puede negar la presencia de la Vida. El único reto que queda, entonces, es de tipo semántico.

Si decidimos llamar a la Vida "Dios", la jornada vital se convierte en un Viaje Sagrado. Es simplemente un asunto de qué palabras utilizamos para describir un solo fenómeno.

De modo que si la palabra "Dios" te detiene, lee la palabra "Vida" dondequiera que encuentres la palabra "Dios". No cambiará nada en su significado. Y si la palabra "Divino" te repele, sustitúyela por las palabras "Al Servicio de la Vida". Y si la palabra "Sagrado" resulta incómoda, usa la palabra "Importante".

> **Un Conocimiento del Alma:**
> El viaje en que te encuentras es un Viaje Sagrado, que cumple un Propósito Divino.

Así vemos que el Viaje en que te encuentras es un Viaje Importante, que cumple un Propósito Al Servicio de la Vida. Lo que tal vez no esté muy claro es cuál *es* ese propósito. Pero tu propia recordación se ha expandido al punto de que puedes ver con claridad que la Vida tiene una inteligencia propia. (El Universo no necesita "instrucciones" sobre cómo funcionar, las células más pequeñas de la materia viva saben exactamente lo que necesitan hacer para reproducirse y sobrevivir.)

Puedes ver con facilidad que la Vida es inenarrablemente magnífica en su diseño, que es incomprensiblemente sofisticada en su funcionamiento, y que todo acontecimiento y resultado es parte de ese diseño.

Tu comprensión intuitiva te dice también que la propia esencia de la Vida, su energía fundamental, puede ser enfocada y dirigida por la Vida Misma con intención específica de alcanzar resultados específicos, y que, ya que *tú* eres parte de la inteligencia básica que la Vida Misma expresa, *puedes* enfocar y dirigir *tu* energía vital con una intención específica de producir resultados específicos.

Toda esta comprensión es el comienzo de vivir de una manera que importe. De ninguna manera es la Totalidad de ello, sino el Inicio. Simplemente tienes que recordar cómo *empezar.*

Eso es lo que estás haciendo aquí.

~

Te has acercado, en este preciso momento, a una *escritura externa de tu conocimiento interno.*

No te sorprendas entonces si tu experiencia aquí es muy parecida a leer tu propio diario, extraviado hace mucho tiempo, y que acabas de encontrar. Al enfrentar cada nuevo párrafo podrías tener una sensación de saber ya lo que al parecer te está siendo revelado.

Es tu Alma la que guarda esta Conciencia, la cual le está siendo presentada a tu Mente de nuevo.

La palabra Alma, por supuesto, es otra de esas a las que mucha gente se resiste. Muchos no creen siquiera que *tengan* un Alma. O si creen que es así, no tienen idea de lo que *es* el Alma, o lo que *hace.*

¿Cuál es su función? ¿Cuál es su propósito? Sabemos lo que la Mente hace. Sabemos lo que el Cuerpo hace. ¿Qué hace el Alma?

~

Algunos pueden ver al Alma como una especie de "conciencia", o tal vez como una clase de "guardián", o "ángel" (o ambos), de pie a un lado, con un propósito que probablemente es bueno, pero cuya manera de funcionar no es del todo clara.

Luego están aquellos que *saben* que tienen un Alma, y sienten que el Alma tiene una agenda (en esto tienen razón), pero están tan confundidos acerca de lo que *es* esa agenda que viven vidas que causan más pena y dificultades, privaciones y falta de alegría de lo que alguna vez debieron (o necesitaban) experimentar.

Otros más —tú entre ellos— saben también que el Alma existe, pero ya no desean verse atrapados en Viejas Historias acerca de la Agenda del Alma. Estás listo para convocar en tu Mente el Conocimiento de tu Alma en cuanto a su Verdadera Agenda. Existe un impulso muy adentro que te hace querer hacer esto *ahora;* viene desde esa parte de ti que mira tu vida y susurra: *"No tiene que ser así":*

Es, por supuesto, tu *Alma* la que susurra y dirige la ruta en El Viaje Sagrado. Tu Alma no sólo guía el camino: *muestra* el camino, y *crea* el camino.

Sin embargo, no *dirige* el camino.

Ya que el Alma no es ningún dictador que exige esto y ordena aquello, tu Cuerpo y Mente podrían no ir siempre en la misma dirección que tu Alma. Y aunque esto es la esencia misma de la libertad, puede —como uno podría imaginar— causar en la vida propia... ¿cómo decirlo...?

Complicaciones.

8

Noticias sorprendentes acerca de tu cuerpo y mente

Las mayores complicaciones de la vida son aquellas que se presentan cuando el Alma, la Mente y el Cuerpo van en diferentes direcciones. Para entender cómo puede ocurrir esto, será útil saber aún más sobre La Totalidad de Ti.

La explicación será ahora un poco más rebuscada o compleja, pero una vez más se te apremia a seguirla porque cuando todo este estudio haya concluido, toda tu vida podrá cambiar.

No estamos exagerando. De hecho es una expectativa razonable.

~

Una vez admitido lo intrincado de estas exploraciones, el formato de esta presentación (como ya de seguro habrás notado) es presentar la información en fragmentos pequeños. Al poner ante la Mente información amplia y compleja en partecitas, la Mente puede absorberla mucho más fácilmente. Esto no se debe a que sea torpe, sino que a veces simplemente necesita un respiro. De modo que, si te es útil mientras avanzas, permítete hacer un alto para descansar en cualquiera de los Puntos de Pausa que se han insertado en el texto narrativo, indicados con este símbolo…

~

Cuando llegues a uno de estos altos naturales, tal vez quieras hacer justo eso. Parar. Hacer una pausa. Relajar la Mente. Tal vez considerar en silencio lo que acabas de leer.

Una herramienta maravillosa es de hecho *re-escribir* lo que acabas de leer, en tus propias palabras, en un diario personal. La idea sería poner tus reflexiones acerca de *estos* pensamientos en un sitio donde puedas acceder con facilidad a ellas, y que sea mucho más personal para ti que un libro en un estante que puedas tomar para leer de nuevo después de meses.

La gente tiende a leer sus diarios personales con mucha más frecuencia de lo que relee libros, incluso buenos libros de los que haya aprendido mucho. De cierto modo una entrada de diario, con las ideas aquí expresadas en tus propias palabras, le será mucho más interesante a tu Mente en un año a partir de ahora que este mismo libro.

Haz la prueba.

$\approx$

Algo más sobre lo escrito aquí, por favor:

Para hacer más fácil absorber y meditar las numerosas abstracciones metafísicas que el texto contiene, encontrarás en nuestras siguientes exploraciones algunas vueltas sobre conceptos amplios, y la repetición de ideas específicas. Esta redundancia no es accidental. (Tampoco es un accidente que te hayas acercado a estas ideas.)

$\approx$

Así pues, esta es otra de esas ideas. Es importante, una que mucha gente nunca ha tomado en cuenta o tal vez ni siquiera haya pensado en ella antes.

Tu Alma está embarcada en su Viaje Sagrado en una *sola identidad* eternamente, mientras que tu Cuerpo y tu Mente están configurados en su identidad presente sólo en este "tramo" particular, el tramo presente de tus viajes eternos.

Algunas personas han interpretado que esto quiere decir que el Alma vive para siempre, mientras que el Cuerpo y la Mente mueren. De hecho, esa es la interpretación estándar de la mayoría de las religiones tradicionales del mundo, sin embargo no es precisa.

El Cuerpo y la Mente no mueren, así como el Alma tampoco.

∽

Así es. El Cuerpo y la Mente no mueren nunca.

Como se dijo, esto puede ser sorprendente para algunas personas. De hecho, tal vez eso sería quedarse cortos. Es posible que sea el aspecto más desconocido o menos revelado de la Vida. Irónicamente, podría ser también el más importante.

¿Por qué? ¿Por qué esto es importante? Porque pone en un contexto del todo nuevo el asunto de Quién Eres y Por Qué Estás Aquí, y es crítico entender eso si vas a empezar a enfocar tu vida en Lo Único Que Importa.

La *razón* precisa de que 98% de la población mundial esté gastando 98% de su tiempo en cosas que no importan es que han entendido mal Quiénes Son o Por Qué Están Aquí, y han entendido mal *eso* porque imaginan que el Cuerpo y la Mente mueren mientras que el Alma vive por siempre.

> **Un Conocimiento del Alma:**
> El Cuerpo y la Mente no mueren, así como el Alma tampoco.

Tan pronto comprendemos que somos seres con tres partes, y que el Cuerpo y la Mente *nunca* mueren, cambia todo en nuestra forma de ver la vida. Así que examinemos la intrincada naturaleza y relación entre Cuerpo, Mente y Alma.

∼

Ahora bien, a medida que comenzamos la presentación de este tipo de nuevas ideas y nos embarcamos en esta parte de nuestra exploración con toda seriedad, por favor ten presente que existe la posibilidad de que en algún momento del camino sientas la tentación de decir: "Todo esto es muy interesante, ¿pero qué tiene que *ver* con nada? ¿Qué tiene que ver todo este *material esotérico* con mi experiencia terrenal, cotidiana?".

¡Tendrás oportunidad de decir esas cosas después! En este momento estás invitado una vez más a practicar la paciencia, porque no puedes decidir qué es lo que en verdad te importa hasta que sepas y entiendas quién *es* este "tú" del que se habla aquí, un señalamiento que se hará en estas páginas una y otra vez. De modo que aquí está un "sumario" muy breve sobre "tu" verdadera naturaleza.

∼

Todo en la vida es físico, incluida tu Alma. Lo que crees que es "no físico" es aquello que calificas vagamente como "invisible". Pero *visible* y *físico* no son lo mismo, y muchas cosas que son invisibles son físicas, como sabes.

La mayoría de quienes creen por completo en la existencia del Alma coinciden en que el Alma vive por siempre. (Que pase la eternidad en el "Cielo" o en el "Infierno" es una cuestión de creencias teológicas, pero parece haber poca discusión entre las principales religiones acerca de que el Alma existe eternamente.)

Lo que no sabe la mayoría de la gente es que la energía esencial de la cual tu Cuerpo y Mente están compuestos *tampoco* deja de existir jamás, aunque, a diferencia de tu Alma, cambian de forma.

LO ÚNICO QUE IMPORTA

Tu Cuerpo y Mente podrían ser llamados en consecuencia "cambiadores de forma". Pueden y cambiarán de forma o apariencia a lo largo de la eternidad. Hacen esto *a instancias del Alma,* la cual emplea la Energía Esencial que forma el Cuerpo y la Mente como sus herramientas.

Piensa en un hombre que forja una nueva forma a partir del hierro al rojo blanco, el cual es maleable y puede verterse hasta que se enfría y endurece. La energía que forma el Cuerpo y la Mente es "maleable" del mismo modo cuando está "al rojo blanco" o, en el lenguaje de la metafísica, cuando resplandece con brillantez con la Luz que la Energía Esencial emite en su estado esencial.

~

La forma del Cuerpo y la Mente se modifica cuando la oscilación de su vibración energética cambia de frecuencia, lo que hace cuando su energía pasa al Reino Físico. Ciertas frecuencias de esta vibración de energía pueden hacer todo o parte del Cuerpo invisible para los seres humanos. La Mente (no debe confundirse con el cerebro, que es parte del Cuerpo) es un ejemplo. Es invisible, pero no indetectable. Es el paquete de energía que anima el cerebro.

Pero aunque ni la Mente ni el Cuerpo parezcan seguir tras lo que llamamos "muerte" (el Cuerpo por lo regular es enterrado o cremado, la Mente simplemente "desaparece"), esto no significa que no existan.

El Cuerpo existe sin duda, podrías razonar, ya sea en una forma que cambia poco a poco, como un cadáver en descomposición, o en forma de cenizas que son absorbidas más rápidamente por el resto del mundo físico.

Creemos que esta es la totalidad del Cuerpo, todo lo queda de lo que alguna vez fue. Decimos que el Cuerpo ha sido reducido a esto. Pero resulta que esto es sólo el *residuo*. En realidad los "restos" de una persona son literal y simplemente eso: lo que queda en forma visible. Es el último de los componentes energéticos que conforman tu ser físico. Es sólo la parte de tu energía física que continúa vibrando dentro de un rango de frecuencia que permite a la energía ser visible.

La porción más grande de tu energía física cambia su vibración en el momento que llamas "muerte", lo que la hace invisible a simple vista.

∿

Aun ahora, antes de morir, hay partes de ti que son invisibles. Algunas personas supuestamente son capaces de ver lo que popularmente se llama "aura", lo que describen como campos de energía que rodean el cuerpo. En realidad son parte *del* Cuerpo, y son sólo un ejemplo de que el Cuerpo tiene partes que por lo regular no son visibles.

Al morir, tu Cuerpo y tu Mente de inmediato comienzan a transformarse.

Para entender este proceso un poco más plenamente, imagina un leño en llamas en tu chimenea. La mayoría de la energía que *era* el leño se vuelve invisible al ser liberada. Se vuelve al menos tres nuevas formas de energía que pueden ser identificadas con facilidad: luz, calor y humo. Luego de esta transformación, queda un residuo. Llamamos cenizas a este residuo.

Es claro para todos que las cenizas sólo son 5% de lo que una vez fue un objeto físico mucho más grande. ¿Qué ocurrió con el resto del leño? ¿Puede decirse que esa energía está "muerta"? No. *Ninguna energía muere jamás*. La energía simplemente cambia de forma. El resto del leño "se hizo humo". O se volvió el calor y la luz del fuego.

~

> **Un Conocimiento del Alma:** Ninguna energía muere jamás. La energía simplemente cambia de forma.

Tu propio Cuerpo y tu Mente se transforman de la misma manera. Como cambia de forma la mayor parte de la Energía Esencial que fue tu Cuerpo y tu Mente, sin dejar de existir como parte de La Totalidad de Ti, queda sólo una pequeñísima porción de residuo.

Esta es la parte de La Totalidad de Ti que has decidido dejar atrás. Sigue existiendo también, pero *no de manera interdimensional*. Ya no deseas llevarla contigo. No la necesitas. Has terminado con ese aspecto de tu Ser. De modo que la dejas en esta dimensión particular del Siempre/En Todas Partes.

Lo que se va contigo es lo que le sirve al Alma. Este aspecto de tu Cuerpo y Mente se reconstruye después a sí mismo siguiendo órdenes del Alma. Puede reconstruirse a sí mismo en la expresión y dimensión presente, devolviéndote a esta Vida para vivir de nuevo de una nueva manera, o reconstruirse en otra expresión y dimensión, para vivir una vida "diferente" como una persona distinta, volviéndote lo que llamas "reencarnado".

Mientras todo esto ocurre, la identidad del Alma no ha sido y jamás será cambiada. Sólo la Energía Esencial del Cuerpo y la Mente ha sido rearmada, en una nueva versión de Expresión de la Vida.

9

De copos de nieve y árboles

Es difícil para algunas personas poner a su Mente a considerar lo que acabas de recordar. Sin duda esto es por lo que Jesús y tantos otros maestros eligieron compartir algunos misterios eternos por medio de parábolas y relatos. Haremos aquí eso mismo.

De nuevo, esto no es porque la Mente humana sea demasiado débil o poco desarrollada. Se debe a que la Mente ha recibido tanta mala información que virtualmente no hay *espacio* para contenido adicional, nuevo y extenso, hasta que algo sea borrado.

Lo que ahora se te invita a hacer es a borrar mucho de tu Antigua Historia acerca de la Vida y cómo es, la Muerte y lo que es, Dios y quien es, para hacer espacio para una Nueva Historia.

Esta es una parábola que puede ayudarte a concebir esa Nueva Historia…

La parábola del copo de nieve

Había una vez un copo de nieve. Se llamaba Sara. Sara el Copo de Nieve tenía un hermano llamado Sam. Sam el Copo de Nieve.

Sara y Sam vivieron una buena vida, pero temían el momento en que murieran, derritiéndose hacia la nada. Entonces, un día el Ángel de la Nieve se les apareció a ambos. "Un copo de nieve es eterno, ¿lo sabían?", dijo el Ángel, y luego explicó:

"Los primeros copos de nieve en la historia del mundo son los copos que caen hoy. Caen del cielo como materializaciones altamente individualizadas. No hay dos copos de nieve idénticos. Nunca los ha habido, en toda la historia de los copos de nieve.

"Los copos son asombrosamente hermosos en su diseño individual. Nadie que los vea caer de los cielos puede dejar de ver su exquisito esplendor. La gente corre al exterior cuando caen copos de nieve, a contemplar su arrebatadora magnificencia.

"Cuando aterrizan, se funden con otros. La gente simplemente llama 'nieve' a una gran acumulación de ellos en el suelo. No dicen 'Miren ese gran montón de copos', sino 'Miren esa montaña de nieve'. Ven todos los copos individuales como Uno. Y de hecho, los copos de nieve son Uno con Otro."

El Ángel prosiguió…

"El sol aparece pronto y la nieve se derrite, cada copo desaparece, uno tras otro. Por supuesto, no desaparecen por completo. Simplemente cambian de forma. Ahora son agua, ondulando juntos en un charco resplandeciente, o fluyendo en un pequeño arroyo.

"El sol continúa obrando su magia, y pronto el agua misma desaparece. O así *parece*. De hecho, también, simplemente cambia de forma. Se evapora, ascendiendo por el aire como vapores invisibles, y se reúne allí en tal concentración que de nuevo es visible, como nubes.

"Mientras más y más vapores se reúnen, las nubes se hacen pesadas por su humedad. Deprisa, nuevamente, la humedad cae en forma de lluvia sobre la tierra. Y si la temperatura es adecuada, la lluvia se vuelve copos de nuevo, ninguno igual a otro. Jamás. En toda la historia de los copos de nieve."

Sara y Sam nunca fueron más felices en toda su vida. De pronto, todo era lo que podrías llamar… *claro como el cristal.*

Y así, en la nieve vemos el Ciclo de la Vida y Tu Historia.

Nunca hubo un momento en que Tú no existieras. Nunca *habrá* un momento en que Tú no Existas. Apareces desde los Cielos, materializado como aspectos individuales de Todo lo Que Es. Aunque cada materialización es absoluta y gloriosamente no idéntica, son no obstante Todas La Misma Cosa. Y así se funden en una sola esencia, una expresión de vida particular que tú llamas "seres humanos".

Después, a los Cielos vuelve cada Esencia, una vez más *invisible-zada*.

No es que ya "no estés aquí". Simplemente ya "no eres visible". Pero Existes, plenamente consciente de ti y también de manera amplia, hasta que vuelvas de nuevo a la visibilidad total por medio de la materialización completa.

Y este es un gran secreto. Nunca eres *no* "físico". A veces sólo eres *menos* físico. Incluso un copo de nieve nunca deja de ser físico. Cuando es nieve, es físico. Cuando es agua, es físico. Cuando es vapor, es físico. Cuando es humedad, es físico. Cuando no se le puede ver y es casi invisible, es físico. Cuando cae de las nubes como lluvia, es físico. Y cuando alcanza la helada temperatura por debajo de las nubes iluminadas por el sol, se cristaliza y se vuelve un copo de nieve otra vez.

¡Vaya viaje ha tenido el copo de nieve! Cambia de forma, cambia de forma, siempre cambia de forma, y regresa por fin como otro copo de nieve, magníficamente diferente de su versión anterior, pero aún, en esencia, el mismo.

Y vaya viaje que *has tenido tú*. Es un Viaje Sagrado, con un Propósito Divino.

∿

El hecho de que el Cuerpo y la Mente permanecen con el Alma queda evidenciado en el testimonio (y ahora esos testimonios se cuentan por miles) de quienes han tenido lo que se llama ECM, o Experiencias Cercanas a la Muerte.

Estas personas mencionan a menudo que su Mente se hallaba plenamente consciente de todo lo que ocurría cuando "cruzaron" al "otro lado". En algunos casos incluso cuentan haberse experimentado en su propio Cuerpo, en su estado más elevado de buena salud. Pero el Cuerpo no era "pesado", como un copo de nieve que cae a tierra. Era ligero como vapor, como un copo de nieve aún no cristalizado.

Muchos también informan haber visto y ser saludados por seres queridos que "partieron antes", y que esos seres queridos, también, aparecían en *sus* propios cuerpos en la cumbre de su salud, cada cuerpo tan ligero como vapor.

Lo que estamos diciendo aquí es que todas las expresiones de la vida física tienen la capacidad de transformarse, y toda la vida en la tierra *lo hace*.

¡Es imposible!, dirás… pero ¿lo es?

"No tiene caso", gritó Alicia, "¡uno no puede creer en cosas imposibles!"
"Creo que no has practicado mucho", dijo la Reina Blanca.
"Yo siempre lo hacía, por lo menos media hora al día. Y en ocasiones podía creer hasta en seis cosas imposibles antes del desayuno."

A través del espejo (capítulo 5)
Lewis Carroll

❧

Con todo, es difícil imaginar que la Vida sigue así por siempre. Digamos, por siempre jamás, y aún más eternamente. La Mente busca formas de entenderlo, ya que no hay ejemplos cercanos. ¿O sí…?

LA VERDAD DE LOS ÁRBOLES

Si pudieras sentarte frente a la ventana durante muchos, muchos años, y sólo miraras el árbol en el exterior de tu casa, verías que el árbol nunca muere, sino simplemente cambia de forma.

Podrías decir: "Sí, pero empezó en algún momento. Comenzó con una semilla". ¿Pero de dónde vino esa semilla? "De otro árbol", sería tu respuesta. ¿Pero y si la verdad es que *es el mismo árbol?*

Imagina un árbol que crece de una semilla. El árbol crece y crece y crece hasta que un día, tal vez cientos de años después, deja de crecer y hace eso que llamas "morir". Pero no ha muerto. Simplemente ha sufrido un *proceso,* el cual incluye crear semillas, que a su vez harán brotar nuevos árboles. ¿Pero son estos de verdad *nuevos* árboles... o simplemente el *mismo viejo árbol que comienza de nuevo?*

Cuando un árbol alcanza la mayor altura que le será posible en su forma presente, se tira él mismo al suelo. (Es decir, se derrumba finalmente.) Pero la semilla que tiró antes no es algo distinto. Es *parte del árbol,* tal como una gota de agua del océano es parte del océano mismo. Simplemente le damos *diferentes nombres* a la *misma cosa en diferentes formas.*

Cuando el árbol tira una semilla, se tira *a sí mismo* al suelo; se planta entonces *en* el suelo, y se experimenta a sí mismo creciendo de nuevo, en lo que *parece ser otro "cuerpo".* Pero es el *mismo* cuerpo, que se ha hecho más pequeño, y luego más grande; se ha transformado.

Incluso puedes hacer que un árbol o planta haga esto a *mitad del ciclo,* tomando un brote del árbol y poniéndolo en agua, donde le saldrán nuevas raíces que permitirán plantarlo en el suelo.

¿Pero es *otro árbol?* ¿O, milagro de milagros, es el *mismo* árbol, una parte del cual ha sido cortada y replantada? ¿Dónde termina un árbol y empieza el otro? Como han sido separados físicamente, ¿eso quiere decir que no son la *misma Esencia precisa?*

En nuestro limitado entendimiento humano, hemos equiparado la separación física a la diferenciación esencial. ¿Pero y si no hubiera diferencias en el nivel de la Esencia?

No las hay. Y esto es lo que se quiere decir al hablar de Vida Eterna.

Se ha instalado en *toda forma de Vida que existe.* Desde las estrellas y los planetas hasta los sistemas solares enteros, y todo lo que *contienen,* cada aspecto de la Vida experimenta el hecho de su propia existencia eterna y su propia Esencia Energética en concordancia con su propio nivel de Conciencia Amplia.

¿Pero cuál es esta *Esencia* que se transfiere de un copo de nieve a otro, de un árbol a otro, de un sistema solar a otro, de una "fisicalización" a otra, de una "existencia" a otra?

Es Lo Único Que Hay, *transformándose continuamente.* Es la Divinidad, indivisible pero hecha visible de manera individual, una y otra vez a lo largo de la expresión que llamamos la Vida.

Es el Alma Sola, *renacida.* Es la Cosa Única, *multiplicada.* Es Dios, *re-formado.*

Fue En El Principio, Es Ahora, y Siempre Será, un mundo sin fin.

Es Tú.

10

Hay todavía más por recordar

Bueno, ahora es justo decirlo: "Todo eso es muy poético, y esto *ha* sido muy informativo, ¿pero qué tiene que ver conmigo, con mi vida y mis miserias y mis desafíos y mis dificultades y, para el caso, incluso mis alegrías? ¿Puede esto relacionarse ya con mi vida, por favor? Porque si no es posible, para mí se acabó la charla. Quiero descubrir de qué se trata la *vida,* quiero escuchar acerca de Lo Único Que Importa, no vine aquí a aprender los detalles de la cosmología universal".

La impaciencia es válida en este punto. Sería muy normal que reaccionaras así. La Mente humana ha estado haciendo eso, apartar a la gente de lo que más podría beneficiarles saber, durante mucho tiempo. Vemos, entonces, que lo que parece "justo" no siempre podría ser benéfico.

Estamos estableciendo aquí que tu Alma y La Esencia Fundamental de la Vida Misma son *la misma cosa, re-formada.* Es decir, tú y todas las demás cosas son Una Cosa, diferentes en forma y composición, pero idénticos en el nivel de la Esencia.

La información que acabas de recibir podría no *parecer* tener aplicación práctica alguna ahora mismo, pero espera. La mejor parte de este estudio acaba de empezar.

~

Hay algo más que has venido aquí a recordar que simplemente que los "compañeros de viaje" que van por el tiempo se llaman Cuerpo, Mente y Alma y conforman La Totalidad de Ti, o que el

Alma continúa por siempre con la misma forma, mientras que el Cuerpo y la Mente cambian de forma a lo largo del camino.

El hecho de que tu Cuerpo y tu Mente *así como* tu Alma existan por siempre crea todo un nuevo contexto para tu modo de vivir la vida, afectando de manera dramática el *cómo* y el *porqué* de ella, pues este hecho indica que tu Cuerpo, Mente y Alma son *partes coequivalentes de ti* y son *para usarlas juntas.* No es así como se usan por lo regular, ni siquiera algunas veces. La cantidad de personas que operan a partir de su Cuerpo, Mente y Alma al mismo tiempo es pequeña respecto de la población total de la Tierra.

Y esto es así principalmente porque la persona promedio no ha considerado el Cuerpo y la Mente como partes de un triunvirato. Cuando menos no de manera funcional. Pero son aspectos del Trino que es La Totalidad de Ti, y *saber* esto te permite entender que aunque tu Alma, de hecho, "guíe el camino" en El Viaje Sagrado despejando la senda, tu Cuerpo y Mente, en cuanto agentes libres e iguales, no son menos importantes en la travesía eterna que estás emprendiendo.

Y como son agentes libres e iguales, *no necesariamente siguen al Alma en su senda.* Y ese dato no es intrascendente.

∾

Aunque utilizamos parábolas y relatos en el capítulo anterior, ahora usaremos el recurso de la metáfora.

El diccionario define METÁFORA como "una cosa presentada como representativa o simbólica de algo más, en particular algo abstracto".

Bueno, pocas cosas son tan abstractas como El Viaje Sagrado, de modo que la metáfora podría ser una herramienta útil.

La metáfora de la Senda de la Vida

En esta historia simbólica de cómo son las cosas, tu Cuerpo, tu Mente y tu Alma se mueven a lo largo de una senda. Esta es la Senda del Alma, llamada así no porque tu Alma sea la única que la sigue, sino porque es la que guía el camino.

Pero aunque el Alma guíe el camino, no exige ni demanda que sus compañeros sigan su guía. De modo que tu Cuerpo y tu Mente a veces se apartan de La Senda, perdiéndose en el bosque a ambos lados en busca de una aventura diferente.

Andar por el bosque puede parecer divertido por un rato si imaginas que eres sólo tu Cuerpo y tu Mente, pero tarde o temprano te das cuenta de que eres mucho más que eso… y entonces empiezas a sentir que te está tomando mucho tiempo llegar adonde el Mucho-Más-Que-Eso pretende.

El poeta estadounidense Robert Frost capturó este sentimiento de manera maravillosa cuando escribió en una estrofa de una de sus obras más famosas…

El bosque es encantador, oscuro y profundo.
Pero yo tengo promesas que cumplir,
y kilómetros por recorrer antes de dormir,
y kilómetros por recorrer antes de dormir.

"Una parada en el bosque en una tarde nevada"
Robert Frost

∿

Las promesas que has hecho han quedado registradas entre tú y tú mismo. Son promesas para hacer de esta vida más de lo que parece; para ser más *en* esta vida de lo que aparentas; y para dar *a* esta vida más de lo que recibes, de modo que la Vida Misma pueda ampliarse, con su expresión expandida. Pues la función de la Vida es crear más Vida por medio del Proceso Mismo de la Vida.

Tus promesas, como parte de todo esto, no fueron hechas al nivel de la Mente. Fueron consignadas al nivel del Alma, antes de tu nacimiento. Y, por supuesto, la palabra "promesas" es un término humano, utilizado simplemente para transmitir una idea. Una palabra más precisa podría ser "procesos". Estos son los procesos que la Vida Misma usa para asegurarse de continuar. Estos procesos están codificados en tu ser físico como parte de tu propio ADN, lo que podría llamarse tu Conciencia Divina Natural.

~

Cuando los seres humanos olvidan o ignoran los procesos fundamentales de la Vida Misma están, en esencia, abandonando La Senda del Alma, que es el camino más corto hacia donde todos los seres humanos anhelan ir. Lo irónico es que al mismo tiempo que dejan la senda del Alma, los humanos se quejan de que *no están llegando a ninguna parte.*

> **Un Conocimiento del Alma:**
> Ir por el camino largo no es lo mismo que ir por el camino equivocado.

Esta es la principal consecuencia de la libre actuación del Cuerpo y la Mente, lo que algunas religiones llaman Libre Albedrío. Y ahora sabes por qué todo esto ha sido examinado aquí con tanto detalle. Tiene que ver con mucho más que con lo *esotérico* de la cosmología universal. Esto tiene *implicaciones prácticas* en la vida diaria.

La buena noticia es que aunque pueda parecer que *no* "vas a ningún lado" cuando lo contemplas desde la perspectiva sola del Cuerpo y la Mente, esto no es verdad. *Estás* llegando a algún lado, pero como te has "apartado de La Senda" y vagado en el bosque, estás llegando adonde vas *por el camino largo.*

Pero ir por el camino *largo* no es lo mismo que ir por el camino *equivocado*.

Esto es muy, muy importante que todo ser humano lo recuerde. Por medio de esta Conciencia, la esperanza puede sustituir a la desesperación, y eso es maravilloso, porque aunque la desesperación es ciega, *la esperanza tiene ojos*.

Ahora puedes ver que *los demás* se han apartado de La Senda y encontrado a sí mismos en el bosque, igual que tú. Pero aquellos que partieron antes han marcado el terreno y doblado de manera inintencionada algunas ramas en su prisa por volver al Camino Más Fácil, mostrándote, si miras lo suficientemente cerca, *la manera de volver a La Senda*.

Así que aunque pueda parecer que te has perdido, aún puedes hallar de nuevo el camino si sigues adelante, pero comienza a poner atención a las señales a lo largo de la ruta.

El reto, por supuesto, es advertirlas.

Esta es una de ellas. ¿Ya la notaste? ¿Estás poniendo atención a lo que tu Conciencia te muestra aquí?

11

La pregunta más importante
de tu vida

Querido Ser: Por favor comprende que lo que acabas de escuchar no es sólo un juego de palabras. Es una declaración, en el lenguaje de la metáfora, de la condición humana tal como la experimenta mucha, mucha gente. Tal vez la mayoría.

Algunas personas se refieren a la experiencia de tomar el camino largo a donde desean llegar como sentirse "perdidos" o "sin dirección", y esto puede pasar en cualquier momento durante el Viaje Sagrado de uno, tarde o temprano... y más de una vez.

Agreguemos ahora algo a la metáfora, de modo que por medio de unas cuantas imágenes más puedas tener un panorama más claro de lo que está sucediendo.

LA METÁFORA DE LA SENDA DE LA VIDA, PARTE II

Piensa en el viaje que estás emprendiendo no sólo como una caminata por el bosque, sino por un bosque sobre terreno montañoso.

Aunque esta caminata es cuesta arriba y desafiante, existe esa senda clara que puede hacer el reto divertido y disfrutable.

No todo "reto" tiene que ser una experiencia negativa o trabajosa. Ciertos retos en la vida pueden ser emocionantes y maravillosamente gratificantes. Pero podrías encontrarte con un viaje doloroso o arduo si te aventuras demasiado lejos de La Senda e intentas abrirte paso hasta la cima de la montaña a través del espeso bosque.

Un Sherpa te sería de gran utilidad ahora.

El Alma aparece en escena.

≈

En esta caminata tu Alma guía el camino por una buena razón. Ya ha estado en la cumbre, de manera que *sabe cómo volver,* y su ruta es la más rápida.

De hecho, tu Alma está en la cumbre ahora.

Así es. El Alma en realidad no "va" a ninguna parte. Ya *está* donde el Cuerpo y la Mente buscan llegar. El Alma, como Dios, está —ya y siempre— Entera, Completa y Perfecta. No exige ni necesita nada. Simplemente elige conocerse a sí misma en su propia experiencia. En esto, es exactamente como Dios. De hecho, *es* Dios, individualizado.

La Totalidad de Ti —es decir, tu Cuerpo, Mente y Alma *combinados*— es así el viajero y el destino. Parte de ella está viajando, y parte de ella ya está allá donde va. El propósito del Viaje es que la Totalidad de Ti sea capaz de experimentar lo que la parte de ti llamada Alma ya sabe de ti.

> **Un Conocimiento del Alma:**
> Hay más de un camino hasta la cima, y no hay un camino correcto para llegar ahí.

Al dividir tu Ser en tres partes, puedes *saber tanto como experimentar al mismo tiempo* tu verdadera identidad una y otra vez, con tu Cuerpo y tu Mente asumiendo diferentes formas de existencia en existencia, aun cuando tu Alma conserva eternamente su forma original y única.

El propósito de que el Cuerpo y la Mente tomen diferentes formas es proporcionar al Alma interminables expresiones *diversas* por medio de las cuales pueda experimentar una reunificación cíclica con Dios, aun cuando el Cuerpo y la Mente experimenten repetidas reunificaciones con el Alma.

Lo que el Alma hace en el nivel macro, el Cuerpo y la Mente lo hacen en el nivel micro. Todo es el Mismo Viaje, emprendido por toda Forma Viviente, cada una a su manera, a lo largo del cosmos.

En tu viaje, el Alma técnicamente no está *guiándote* a tu destino; te está *llamando* allí. El Alma continuará mostrándote el camino, y desbrozando la espesura *desde el otro extremo* para conectar con tu Mente y Cuerpo, creará el sendero. Pero, como mencionamos, nunca *insistirá* en que *tomes* ese camino.

Esto se debe a que tu Alma sabe que hay *más de un camino hasta la cima,* y que no hay un "camino correcto" para llegar ahí. Puede haber algunos caminos que sean *más rápidos* que otros, pero "más rápido" no quiere decir "correcto". Solamente significa "más rápido".

~

"Más rápido" tampoco significa necesariamente menos desafiante. Quiere decir más directo, con más progreso significativo a cada paso, y en consecuencia con menor gasto de tiempo y energía.

Y, por supuesto, el término "más rápido" se utiliza aquí en el contexto del tiempo terrenal, es decir, el número de meses o años de ser humano que le toma al Viaje Sagrado de cualquier individuo particular alcanzar la Completud.

Y la *Completud,* Querido Amigo, es de lo que se trata el Viaje.

~

La Completud es la meta.
Es el plan.
Es la aspiración, la petición y el deseo.
Es el blanco, el objetivo, la intención y la ambición.
Es el premio mayor. Es el Santo Grial.

Lo que hay que aclarar ahora es cómo *lograr* la Completud. ¿A qué "se parece"?

Si la Agenda del Alma es alcanzar la Completud en su Viaje Sagrado (y así es), sólo hay una pregunta en la Vida que es verdaderamente importante:

¿Cómo contribuye lo que estoy haciendo ahora mismo a la agenda de mi Alma?

12

Una explicación completa
de la "completud"

Ahí tienes, entonces. La Completud del Viaje Sagrado es la Agenda del Alma. Es sólo por medio de la experiencia del Cuerpo, la Mente y el Alma al alcanzar la Completud del Viaje Sagrado que La Totalidad de Ti puede cumplir El Propósito Divino.

No hemos hablado aún del Propósito (lo haremos con amplitud en el Capítulo 14). Ni hemos hablado de Lo Único que Importa.

Una cosa a la vez.

Pero por favor, sabe esto: La Agenda del Alma, El Viaje Sagrado y El Propósito Divino son todos caras del mismo diamante.

∼

La Mente y el Cuerpo claman a diario desconcertados: "¡Hay tanto por ver! ¡Hay tanto por hacer! ¡Hay tanto con lo que complacerse, que temer, con lo que emocionarse, en lo que pasar tiempo! ¿En qué debería enfocarme? ¿A qué debería poner atención?"

Y es el Alma la que a diario responde el clamor del Cuerpo y la Mente, diciéndole a La Totalidad de Ti en qué enfocarse y a qué poner atención.

El Cuerpo y la Mente, sin embargo, no siempre están convencidos de que esta sea "la manera correcta de proceder". En primer lugar, recorrer La Senda no siempre les parece algo divertido a la Mente y el Cuerpo, y mucho menos una aventura como marchar por el territorio desconocido de un bosque en una tarde nevada. Comparado con esto, La Senda puede parecer aburrida.

Pero el que el Viaje haya sido descrito como "sagrado" no quiere decir que uno no pueda buscar y encontrar placer y emoción en actividades mundanas. No quiere decir que uno no pueda disfrutar las emociones de la vida, o tomar toda la alegría que uno pueda experimentar en un nivel humano.

De hecho, es más bien al revés. Como cada vez será menos de lo que debas preocuparte —y a la larga no habrá nada en absoluto que debas temer—, podrás al fin vivir tu vida al máximo.

¿Pero qué *es* vivir la vida "al máximo"? ¿Cómo es una vida plena, una vida llena de logros, fama y fortuna, con el amor de la familia propia, con niños criados maravillosamente y enviados a una senda gozosa, con tantas cosas hechas y experimentadas? ¿Exactamente qué *es* una "vida plena"?

Es una vida que te proporciona la mayor satisfacción, que trasciende todas estas cosas. Es una vida que sigue la Senda del Alma.

~

A medida que sigas la Senda del Alma te encontrarás haciendo muchas, si no es que todas las cosas que podrías haber hecho de "apartarte" de esa senda, pero las harás *por una razón distinta,* y por eso, de una manera completamente nueva: una manera que genera la plena expresión física de la Esencia metafísica del Alma por parte del Cuerpo y la Mente.

Cuando la Esencia Metafísica se hace Expresión Física, la Experiencia y la Conciencia se vuelven Una y La Totalidad de Ti ha alcanzado la Completud. Y cuando La

> **Un Conocimiento del Alma:**
> Cuando la Esencia se hace Expresión, y la Expresión se vuelve Experiencia, La Totalidad de Ti ha conocido a la Divinidad.

Totalidad de Ti alcanza la Completud, contemplas el mayor gozo que podrías imaginar jamás: la dicha de conocer a la Divinidad, fluyendo a través de ti, siendo tú.

Ahora bien, esta es una información importante: *Este proceso no es algo que ocurra una sola vez.* Puede tener lugar varias veces durante una sola vida física. Puede, de hecho, ocurrir varias veces en un solo *día.* En efecto, la Agenda del Alma es crear las condiciones perfectas para que suceda a *cada momento,* y hacer de cada momento una Experiencia Santa. ¡Y *eso* es una "vida plena"!

(Lee *La experiencia sagrada,* un libro que describe el encuentro con la Vida de esta particular manera. La descarga es gratuita en *www.cwgtoday.com*)

~

Quizá ya sepas que la Agenda del Alma es algo a lo que deberías poner atención, pero podría no serte claro qué tan importante es para tu bienestar personal y terrenal.

Sí, no sólo tu bienestar espiritual, sino también tu bienestar físico, psicológico, emocional, social e incluso financiero.

No hay nada más en la Vida que pueda darte seguridad, salud, prosperidad, felicidad y paz interior más pronto o de manera más abundante que alcanzar la Completud. Esto es, por supuesto, lo opuesto de lo que te han contado. Hay, te han aconsejado, muchas otras cosas a las que debes poner atención.

Te han dicho que para ser feliz en la Vida necesitas tener al chico, a la chica, el auto, el trabajo, la casa, la pareja, los hijos, el mejor trabajo, la mejor casa, el ascenso, los nietos, el cabello cano, la oficina en la esquina, la edad para el retiro, la enfermedad, el plan para el funeral, y luego dejar el escenario.

Te han dicho que necesitas obedecer los mandamientos de Dios, hacer la voluntad de Dios, seguir la ley de Dios, proclamar la palabra de Dios y temer la ira de Dios, pues cuando enfrentes el juicio de Dios implorarás Su misericordia, y según tus ofensas tal vez no la merezcas, sino en lugar de ello te verás condenado a torturas insoportables por siempre en los fuegos del infierno.

Te han hablado acerca de la Supervivencia del Más Apto y de que el Vencedor Impone su Ley; de que Ser Bueno No Sirve de Nada y El que Tiene Más Juguetes Gana; de que Cada Cual Debe Ver por Sí Mismo y que El Fin Justifica los Medios; de que el Dinero No Crece en los Árboles y que No Debes Hablar en Presencia de un Adulto y que No Debes Colorear Afuera de las Líneas y que El que Siembra Vientos Cosecha Tempestades.

Te han dicho que Sólo Hay un Camino al Cielo y que Más Vale que Sepas Cuál Es; que es Nosotros Contra Ellos, y que No Puedes Ganarle al Gobierno; que Nunca Debes Sobresalir de la Multitud y que No se Puede Todo en Esta Vida, y que Nunca Cuentes con Algo hasta que lo Tengas.

Tu Mente ha sido llenada con tantos y tantos mensajes que han creado una realidad cotidiana tan lejana a tu verdadera razón para estar en la Tierra que es sorprendente que aún encuentres algo de alegría o emoción en la vida.

☙

Ahora se te dice que la única cosa que importa no tiene que ver con nada de esto. La pieza perdida del rompecabezas gira en torno a cómo alcanzas la Completud en El Viaje Sagrado del Alma. ¿Puede esto ser verdad?

Puede serlo, y lo es.

Pero no te preocupes, ir adonde tu Alma busca llegar no te negará la Buena Vida. Completar la Agenda del Alma te dará todo lo que tu Cuerpo y Mente te señalan que desean disfrutar. Esto no se trata de renunciar a un aspecto de la Vida por otro.

Confía en ello. Pon atención a la Agenda del Alma, y a lo que implica completarla, y el resto de la Vida —no sólo lo que deseas, sino todo aquello que imaginas que deseas— se encargará de sí mismo. Se encargará de sí mismo *por* sí mismo.

O, parafraseando una frase mucho más elocuente:

> *Así que no se preocupen diciendo:*
> *"¿Qué comeremos?", "¿Qué beberemos?",*
> *"¿Con qué nos vestiremos?"*
> *Más bien, busquen primeramente el Reino de los Cielos,*
> *y todo lo demás se les dará por añadidura.*

El "Reino de los Cielos" y la "Completud del Viaje Sagrado" se refieren a la misma experiencia. El problema con ambas frases es que ninguna te ha explicado o descrito recientemente (si alguna vez lo hicieron) qué *es* esta experiencia, y cómo alcanzarla.

~

El Reino de los Cielos no es una ubicación física, es un Estado de Ser. Es, de hecho, el estado de hallarse "Completo". Y por tanto es perfecto que las dos frases se usen aquí indistintamente.

Literalmente es "el cielo" para los humanos encontrarse en un estado en el que no queda nada por ser, hacer o tener en cualquier Momento dado para experimentar paz interior, amor total y dicha absoluta, porque Todo lo Que Es y todo lo que uno podría jamás desear está presente por completo, expresado por completo y experimentado por completo Aquí y Ahora.

Estás Completo.

La Agenda del Alma es llevar La Totalidad de Ti a este preciso Estado, de modo que el aspecto de la Vida llamado "tú" pueda expresar, experimentar, reflejar, demostrar y *personificar* el aspecto de la Vida llamado Divinidad.

Este es tu Instinto Básico.

~

La supervivencia es el Instinto Básico de la mayoría de las formas de vida químicas o biológicas. Es lo que hace que las flores giren en busca del sol. Es lo que hace que las aves vuelen hacia climas más cálidos. Es lo que hace que las tortugas se metan en sus caparazones. Es lo que hace que los leones rujan y las serpientes de cascabel sacudan sus colas.

La supervivencia no es, sin embargo, el Instinto Básico de los seres humanos, ni de cualquiera de las criaturas sensibles del cosmos que han evolucionado hasta la Conciencia Amplia de Sí Mismos. Para tales seres, el Instinto Básico es la Divinidad.

Si tu Instinto Básico fuera la supervivencia, correrías *lejos* de las llamas de la casa incendiada. Pero corres hacia las llamas porque escuchaste llorar a un bebé. En ese Momento *tu supervivencia no es lo importante*.

Si tu Instinto Básico fuera la supervivencia, te apartarías del hombre armado. Pero te plantas entre el hombre y la persona que está atacando. En ese Momento *tu supervivencia no es lo importante*.

> **Un Conocimiento del Alma:**
> El Reino de los Cielos no es una ubicación física, es un Estado de Ser.

Algo hondo en tu interior, algo que no puedes describir o nombrar, te llama en esos Momentos para demostrarte al más alto nivel Quién Eres en Realidad.

La gente que ha hecho esto, al ser entrevistada después por la prensa, nunca lo explica de esa manera, por supuesto. Dicen que simplemente actuaron por *instinto*. Pero sin duda no pudo haber sido instinto de *supervivencia*, pues sus acciones la *desafiaron*. Sin embargo no tuvieron miedo —ni siquiera un *pensamiento* de miedo— en ese instante, porque Quienes Son en Realidad *saben* que la supervivencia no es lo importante. *Saben* que su supervivencia está garantizada. No hay preguntas acerca de si sobrevivirán, las únicas preguntas son: ¿Cómo? ¿En qué forma? ¿Y por qué? ¿Con qué propósito?

Estas se vuelven, en momentos de descubrimiento personal, las Únicas Preguntas de la Vida. Y en momentos de descubrimiento personal, la Mente y el Alma responden como Uno.

Al instante.

~

Como humano, tu Instinto Básico queda expuesto cuando el Ser Completo que eres es Completamente remembrado, Recreado, Reintegrado y Reunido con la Divinidad.

Así como la más diminuta célula en tu interior es un miembro de tu Cuerpo, también cada elemento de la Vida física es un miembro del Cuerpo de Dios. Cuando la Experiencia de la Mente y el Conocimiento del Alma se combinan para generar elevada Conciencia Amplia, los seres humanos eligen experimentarse a sí mismos una vez más como miembros del Cuerpo de Dios. Se dice entonces que han sido Re-membrados.

Esto es lo que se entiende por Completud.

13

La evolución nunca se detiene

La experiencia de la Completud es puro éxtasis para La Totalidad de Ti porque es una reunificación y una reunión de *tu* espíritu con *El* Espíritu (las dos E en mayúsculas).

Es una Re-membranza Santa. Es un regreso a casa.

Recordemos las palabras de Em Claire:

> ...con gran inocencia me abandoné
> al mar abierto
> y he estado lejos de mi Hogar
> tanto tiempo que no reconozco mi propia cara
> pero sé que el Hogar
> *el Hogar*
> me recuerda.

~

Esta Conciencia santa puede ocurrir en cualquier momento, y en muchos momentos, a lo largo de la vida de una persona.

La naturaleza del Viaje Sagrado es lo que hace posible esto, pues el viaje es cíclico, iniciado y completado una y otra vez en niveles de manifestación cada vez más amplios. Es muy parecido a avanzar en la escuela, terminando un grado cada vez.

Cuando estás en tercero, encuentras de nuevo lo que ya te enseñaron en primero y segundo, y *ahora tienes oportunidad de aplicarlo*. También encuentras lo que no habías encontrado antes: nuevos y mayores desafíos; una oportunidad de dominar algo más.

Aunque tal vez útil, esta es una analogía imperfecta, porque la Vida no es una escuela (aunque muchos maestros espirituales te hayan dicho que lo es), y *no hay nada que necesites aprender.*

~

Como el árbol afuera de tu ventana, cuya semilla llevaba en su interior toda la codificación necesaria para crecer hasta ser aquello en lo que se ha convertido, llegaste aquí sabiendo todo lo que necesitabas para ser todo aquello para lo que fuiste diseñado.

Un Conocimiento del Alma:
No hay nada que necesites aprender.

Como parte de tu codificación te ha sido dado un nivel más elevado de Conciencia Amplia que el árbol, por supuesto, pero en algunos aspectos no eres diferente del árbol, como en que creces por etapas. Y como los anillos del árbol, cada fase de tu vida representa un periodo específico de tu crecimiento.

Igual que un árbol tiene muchos anillos, concluyes una Fase de Crecimiento y comienzas una Nueva Fase de Crecimiento cientos de veces durante una sola vida, y de hecho, *ya lo has llevado a cabo antes.*

Y en cada momento de Completud, se ha establecido una nueva agenda ampliada. Esto se hace *para* ti, *por* ti.

Esto es lo que estás haciendo ahora mismo.

¿Qué más te imaginas que está ocurriendo aquí?

~

¿Tienes la idea de que vives en un mundo cruel y despiadado? ¿Crees que la Vida está en tu contra; que simplemente no se te aprecia, no tienes recompensa alguna, o peor aún, ningún valor?

Nada más lejos de la verdad. Es, de hecho, exactamente lo contrario. *Debido* a que eres *profundamente* apreciado, *grandemente* recompensado y *gloriosamente* valioso es que tu vida te regala la presente Invitación. Has alcanzado la Completud antes y lo harás de nuevo, y ahora estás siendo elevado al siguiente nivel mientras progresas siempre hacia delante.

Esta es La Agenda del Alma, y este proceso, Amado Ser, se llama *evolución.* Es un proceso del cual eres una Demostración Viviente.

∼

La evolución no es un proceso que se detenga. La Completud, por tanto, no significa que hayas *terminado algo.*

En El Viaje Sagrado es imposible estar "completamente Completo" porque en el instante en que alcanzas la Completud el Alma concibe una experiencia aún más grande. Esto no es, sin embargo, fuente de frustración. Ni desearás jamás que este proceso termine. La dicha de evolucionar a cada vez más altos niveles de Divinidad es la atracción suprema. Es la atracción de la Vida hacia Más Vida. Es la atracción de Dios a Dios Mismo. Es el Impulso de lo Divino, en Ti.

∼

El Impulso Divino, tu Instinto Básico, es para ti ser todo aquello que te es posible ser en un momento dado. Es la sensación interna que te lleva a la parte de Ti que te atrae a cada paso del camino, cada segundo de tu vida: la verdad más elevada, el amor más grande, la sabiduría más profunda, la mayor compasión, la comprensión más amplia, el perdón más grande, la paciencia más larga, el valor más fuerte, todos o cada *uno* de estos aspectos de lo Divino. E incontables otros aspectos también, pues lo Divino es *infinitamente* Divino en un infinito número de formas.

~

Tal vez recuerdes que el Capítulo 11 se titula "La pregunta más importante de tu vida", y decía que esa pregunta era: ¿Cómo contribuye lo que estoy haciendo ahora mismo a la agenda de mi Alma?

Otra versión de esa misma pregunta podría ser: ¿Cómo elijo que la Divinidad se exprese a través de mí de *la siguiente manera más grande en este momento*?

Hay en tu respuesta un verdadero acto de Creación. Hay en tu contestación una auténtica experiencia de Libre Albedrío. En tu réplica se encuentra Dios, en el acto de ser Dios Mismo.

~

Dios es lo que tú digas que es Dios. El amor es lo que tú digas que es el amor. La verdad es lo que tú digas que es la verdad. *Nada tiene otro significado que el que tú le des.*

¿Puedes vivir en un mundo semejante, un mundo carente de Absolutos? En un mundo así Tú eres Quien Determina. En un mundo así Tú eres Quien Decide. En un mundo así Tú eres Quien Declara.

En un reino así, tú eres el Creador.

> **Un Conocimiento del Alma:**
> El Cielo no es un reino donde rindas homenaje a alguien más. Es un reino donde te das a ti mismo trato de realeza.

Este es el Reino de los Cielos. No es un reino donde todo lo hayas decidido, es un reino donde decides acerca de todo. Eso es verdaderamente "el cielo". No es un reino donde rindas homenaje a alguien más, es un reino donde te das *a ti mismo* un trato de realeza.

¿Puedes vivir en un reino así? ¿Puedes soportar tratarte a ti mismo no como El Más Pequeño de los Pequeños, sino como El Más Grande?

¿Suena sacrílego usar siquiera una frase semejante para describirte? Bueno, he aquí la Buena Noticia: estás *incluido,* no excluido, en la definición del Más Grande.

~

En el principio fue el verbo, y el verbo fue hecho carne, y convivió entre nosotros. Ese verbo ha sido pronunciado en cientos de formas a lo largo de miles de momentos en un millón de años y más. Algunas de esas formas son: Adonai, Alá, Brahman, Elohim, Dios, Hari, Jehová, Krishna, Señor, Rama, Visnú, Yahvé...

...y ninguna de esas formas te incluye a Ti.

Al inicio de este estudio se te dijo que has recibido una Invitación Especial de la Vida Misma. Esa Invitación ahora se expresará en preguntas:

¿Te permitirás recrearte a ti mismo por completo, en cada Dorado Momento del Ahora, en la siguiente versión mayor de la visión más grande que hayas tenido acerca de Quién Eres?

¿Le darás a la Divinidad *conscientemente* la experiencia de conocerse a Sí Misma y mostrarse en, como y a través de Ti?

~

Eres bondad, misericordia, compasión y conocimiento.
Eres paz, luz y alegría. Eres perdón y paciencia, fuerza y valor, ayuda cuando hay necesidad, consuelo cuando hay dolor, curación cuando hay herida, enseñanza cuando hay ignorancia. Eres la sabiduría más profunda y la más alta verdad; la paz más magnífica y el más grandioso amor. *Eres* todo esto. Y en determinados momentos de tu vida tú te has reconocido a ti mismo *como* siendo todo esto. Decide, pues, reconocerte a ti mismo siempre como siendo todo esto.

Conversaciones con Dios, Libro I

14

El proceso, la senda
y el propósito

No se sugiere en todo lo que se ha dicho aquí, y no debería seguirse de ello, que en el Proceso de Expresión de la Divinidad lo que uno *hace* es irrelevante o sin importancia.

Todo en la Vida, incluido el así llamado lado "espiritual" de la Vida, involucra "hacedumbre". Todo mundo está haciendo algo siempre. Es imposible *no* estar haciendo algo.

Aun cuando duermes, tu Cuerpo y Mente están haciendo algo: latir tu corazón, crecer tu cabello, soñar tus sueños, incluso a veces resolver tus problemas.

Siempre estás "en algo". La pregunta no es "¿En qué andas cuando estás del todo consciente y despierto?". La pregunta es "¿Cómo y Por Qué?".

La respuesta a esa pregunta radica en la perspectiva que adoptas acerca de la razón de que cualquier cosa en particular esté ocurriendo, y la manera en que interpretes tu parte en ello, aun si tu papel es sólo como observador.

(En realidad no existe lo de ser "sólo" un observador. La física cuántica nos dice que "nada que sea observado *queda sin ser afectado por el observador*". Esto quiere decir que aun el acto de simplemente observar algo de una manera particular impacta lo que está siendo observado, de cerca o de lejos.)

De modo que cualquier cosa que estés haciendo respecto de cualquier situación o durante algún momento de tu vida, simplemente observando o involucrándote más activamente, recuerda siempre esto: la "hacedumbre" *demuestra* Quién Eres, no lo crea.

En esto, la mayor parte de la raza humana está al revés.

~

Buscar experimentarte a ti mismo como Quien Eres es La Senda del Alma. A lo largo de tu vida te acercas más y más a la Autorrealización. Cuando demuestras Quién Eres, alcanzas la Autorrealización y, habiendo logrado la Completud del Viaje Sagrado, cumples con tu Propósito Divino.

Y una vez más, esto puede ocurrir muchas veces en tu vida, y sucede.

Has experimentado más de unos cuantos momentos en los cuales expresaste las cualidades de lo Divino. Tu humildad (o tu cultura) pueden prohibirte que los identifiques como tales, o describirlos de esta manera, pero una rosa bajo cualquier otro nombre sigue siendo una rosa. Te has comportado con total magnificencia en muchas ocasiones.

Y ahora, durante esta época única en el ciclo evolutivo de la humanidad, y mientras sigues adelante con Conciencia Amplia expandida en tu vida, con tu *sensibilidad* hacia todo mucho más alta que nunca, es importante comprender que a veces una demostración de Divinidad no siempre puede verse como lo que llamarías la senda "más fácil".

Como se mencionó antes, algunas personas realmente experimentan más alegría, alcanzan más metas, trabajan de manera más efectiva cuando enfrentan un gran desafío que cuando sienten que es "fácil". En ese caso, "fácil" podría no ser "mejor". Es posible que tampoco sea "más rápido".

Tal vez la Vida ya te ha enseñado que el camino más corto no necesariamente es el más rápido.

~

De modo que aunque La Senda del Alma quizá no sea siempre la ruta con menos desafíos, siempre será la "mejor" ruta teniendo en cuenta adónde elige ir La Totalidad de Ti, a partir de dónde se encuentra ahora como resultado de tus elecciones y decisiones previas.

El Alma define "mejor" como lo que con mayor probabilidad le permitirá la más elevada expresión del Ser que elijas experimentar a continuación, a partir del Propósito Divino de la Vida.

Existe ese propósito, por supuesto. El viaje eterno del Alma, el presente Ciclo de la Vida, no carece de propósito. Hay una *razón* para que tenga lugar.

La Vida tiene una razón y un propósito. Toda la gente anhela saber cuál es. La mayoría aún no lo ha comprendido claramente.

Tu Alma no está en una búsqueda sin sentido. No se mueve por el Tiempo y el Espacio eternamente sin un objetivo claro. Muy por el contrario, el objetivo del Alma es *muy* claro.

Recuerda lo dicho: Cuando el *Propósito Divino* se ha cumplido, tu Alma alcanza entonces la Completud en El Viaje Sagrado, y esto se logra en etapas.

Discutamos, pues, esa cosa llamada Propósito Divino.

~

Un Conocimiento del Alma:
Hasta que *expreses la* Divinidad no puedes *experimentar* la Divinidad.

El Propósito Divino es que la Vida sea utilizada *por* la Divinidad para *expresar* Divinidad de modo *que* la Divinidad pueda *experimentar* la Divinidad en todos sus aspectos.

En pocas palabras, Dios utiliza la Vida para experimentarse a Sí Mismo.

La Divinidad puede experimentarse sólo mediante la *expresión* de ella. La Divinidad puede imaginarse, puede pensarse y el Alma puede tenerla en la Conciencia, pero hasta que sea *expresada* es solamente un concepto; a no ser que sea *expresada,* no puede ser experimentada.

Puedes hablar acerca del Amor, puedes imaginar el Amor, puedes pensar acerca del Amor, puedes abrazar el Amor como una idea de manera conceptual, pero hasta que lo *expreses,* no puedes experimentarlo.

Puedes hablar de la Compasión, puedes imaginar la Compasión, puedes pensar acerca de la Compasión, puedes adoptar la Compasión como una idea de manera conceptual, pero hasta que la *expreses,* no puedes experimentarla.

Puedes hablar del Entendimiento, puedes imaginar el Entendimiento, puedes pensar acerca del Entendimiento, puedes tener el Entendimiento como una idea de manera conceptual, pero hasta que lo expreses, no puedes experimentarlo.

Puedes hablar del Perdón, puedes imaginar el Perdón, puedes pensar acerca del Perdón, puedes acoger el Perdón como una idea de manera conceptual, pero hasta que lo *expreses,* no puedes experimentarlo.

~

Para ayudar a la Mente a entender mejor esto, utilicemos ese aspecto de la vida humana llamado Sexualidad. Puedes hablar de Sexualidad, puedes imaginar la Sexualidad, puedes pensar acerca de la Sexualidad, puedes percibir la Sexualidad como una idea de manera conceptual, pero hasta que la *expreses*, no puedes experimentarla.

La Divinidad es todas estas cosas y mucho más. Es Paciencia y Amabilidad, Bondad y Misericordia, Aceptación y Contención, Sabiduría y Claridad, Amabilidad y Belleza, Abnegación y Nobleza, Benevolencia y Generosidad. Y sí, mucho, mucho más.

Puedes imaginar todas estas cosas, puedes pensar acerca de todas estas cosas, puedes asimilar todas estas cosas como ideas de forma conceptual, pero hasta que *expreses* todas estas cosas *en* ti, *a través* de ti, *como* tú, no has experimentado la Divinidad.

Y nunca tendrás una oportunidad de experimentar estas cosas a no ser que la Vida te *proporcione* esa oportunidad. Esto es lo que la Vida hace cada día. De hecho, este es el propósito de la Vida Misma.

Por tanto, cuando la Vida te ponga retos, dificultades y condiciones, situaciones y circunstancias únicas que estén dispuestas idealmente para sacar lo mejor de ti, "no juzgues ni condenes" sino sé una Luz en la oscuridad, de modo que sepas Quién Eres en Realidad, y que todos aquellos cuyas vidas toques puedan saber también quiénes son por la luz de tu ejemplo.

~

Si bien la idea de que "Dios utiliza la Vida para conocer al Ser Divino" de seguro no es nueva para ti, *por qué* Dios actúa de esta manera puede muy bien ser algo que de lo que te gustaría saber más.

Así que esta es la explicación.

Dios no puede experimentar todo lo que Dios es dentro del Reino Espiritual solo, pues en ese reino no hay nada que Dios no sea.

El Reino de lo Espiritual es el sitio donde Dios es todo lo que *hay,* donde el Amor es todo lo que *hay,* donde la Perfección es todo lo que *hay.* Es un sitio maravilloso, porque no hay nada sino la Divinidad. Es, en pocas palabras, lo que llamarías el cielo.

Existe, sin embargo, esta condición particular: No hay nada que Dios no sea. Y en ausencia de lo que Dios *no* es, lo que Dios es... no es *experimentable.*

~

Lo mismo es cierto en cuanto a ti. No puedes experimentar lo que *tú* eres excepto en la presencia de Lo Que No Eres. Ni tampoco puede experimentarse *nada* a no ser que esté en un Campo Contextual que incluya a su opuesto.

La luz no puede ser experimentada sin la oscuridad. "Arriba" no tiene sentido en la experiencia sin "abajo". "Rápido" es simplemente un término, una palabra, sin significado alguno sin "lento".

Sólo en la presencia de la cosa llamada "pequeño", la cosa llamada "grande" puede experimentarse. Podemos decir que algo es "grande", podemos *imaginar* que algo es "grande", podemos *conceptualizar* algo como que es "grande", pero en la ausencia de algo que sea "pequeño", lo "grande" no puede experimentarse.

Igualmente, en ausencia de algo "finito", lo "infinito" no puede experimentarse. Puesto en términos teológicos, podemos conocer la "Divinidad" de forma *conceptual,* pero no podemos conocerla de manera *experimental.*

En consecuencia, toda la gente y los acontecimientos de tu vida, de ahora o del pasado, que parecen estar "en contraposición" a quien eres y lo que has decidido experimentar son simplemente regalos de la fuente más elevada, creados para ti y puestos ante ti por medio del proceso colaborativo de las almas co-creadoras, para permitirte encontrarte a ti mismo en un Campo Contextual dentro del cual se hace posible la experiencia más plena de Quien Eres en Realidad.

O, como declaró tan maravillosamente Lo Divino en *Conversaciones con Dios:*

> *No les he enviado más que ángeles.*

Esa es una declaración digna de recordar.

Se dijo aquí que tu Viaje Sagrado eterno tiene un propósito, y es así. Es un propósito establecido por la Divinidad Misma.

El Propósito Divino es expandir la Realidad de Dios.

∼

En términos sencillos (y estos *son* términos sencillos) Dios está creciendo —volviéndose más de Sí Mismo— mediante el proceso llamado Vida. Dios ES este proceso.

Dios es a la vez el Proceso Mismo de la Vida… y su resultado.

Por tanto, Dios es El Creador y Lo Creado. El Alfa y la Omega. El Principio y El Fin. El Motor Inmóvil. El Observador Inobservado.

En términos no tan sencillos, Dios no puede "crecer" porque todo lo que Dios siempre fue, es ahora, o será alguna vez, lo Es Ahora.

No hay Tiempo ni Espacio. Por tanto, no hay tiempo en el cual crecer, ni espacio *donde* crecer.

El Ciclo de la Vida está teniendo lugar simultáneamente en todas partes. Lo que la Mente humana desea llamar el "crecimiento" de Dios es tan sólo Dios experimentando más y más de Sí Mismo a medida que las Individualizaciones de Dios experimentan más y más de *sí* mismas. Esto se llama Evolución.

Esto se logró al dividirse El Todo a Sí Mismo (no debe confundirse con *separarse* a Sí Mismo) *a partir* de Sí Mismo, recreándose a Sí Mismo en forma más pequeña y finita.

Ninguna forma finita, por la misma razón de su finitud, podría contener la Conciencia Amplia, la Conciencia y la Experiencia infinitas del Todo, pero cada forma individualizada fue diseñada de forma única para reflejar un *aspecto* particular de la Divinidad Misma. Al poner juntos todos estos aspectos de nuevo, como se juntan todas las piezas de un rompecabezas, se genera una imagen de lo que *todas las piezas crean.*

A saber: Dios.

Todas las piezas son parte de la imagen, y ninguna es menos parte de la imagen que cualquier otra.

¿Lo puedes ver?

~

Ahora bien, algunas formas de Vida han sido provistas de un nivel de Esencia Esencial (la energía pura de la que todo surge) suficiente para generar la posibilidad de que esa Esencia *se conozca a Sí Misma.*

Esta es la cualidad de ciertas cosas vivas que se conoce como Autoconciencia.

La Vida humana (y, sospechamos por una buena razón, la Vida en cualquier parte del Universo) fue diseñada de tal manera que lo que llamamos "expansión" de la Conciencia Amplia y la Experiencia es posible. De hecho, la Conciencia Amplia humana puede expandirse hasta un punto en que vuelve a conocerse a sí misma como parte del Todo.

Jesús, por ejemplo, dijo: *Yo y el Padre somos uno.* Comprendía a la perfección su relación con Dios. Comprendía que la imagen creada por el rompecabezas no estaba Completa sin él. Él *era* La Completud.

Como lo somos todos.

Retira una pieza del rompecabezas y la imagen ya no está Completa.

> **Un Conocimiento del Alma:**
> Dios es a la vez el Proceso Mismo de la Vida y su resultado.

La experiencia de volverse plenamente Autoconsciente ocurre mediante un proceso por el cual el Aspecto Individualizado no *crece,* en realidad, sino simplemente se hace más y más *consciente* de que no *tiene* que crecer pues es verdaderamente, en su forma individualizada, la Divinidad Misma.

La pieza individual se reconoce como El Rompecabezas Mismo, simplemente dividido.

≈

La espectacular transición fisiológica, psicológica y teológica a ese nivel más alto de Conciencia de Sí ocurre *sólo una vez* en la historia de toda especie sensible en el cosmos, y esto es precisamente lo que está ocurriendo con la raza humana ahora mismo.

En el preciso primer capítulo de este libro dijimos: "Algo muy inusual está ocurriendo en este planeta ahora mismo". No estábamos bromeando.

15

Cómo funciona todo

La historia del nacimiento de la humanidad a la comunidad cósmica de Seres Altamente Evolucionados ya se ha completado, y está grabada en el Instante Eterno.

Todo ha ocurrido ya en ese lugar del Tiempo/Sin tiempo. Lo que queda es sólo reatestiguar La Historia, con los ojos de nuestra propia Conciencia Amplia contemplando sobre ella. Somos nosotros, testigos fieles, quienes hacemos el desarrollo de la historia real para nosotros.

~

Para entender a plenitud lo anterior, ten un DVD de tu película favorita a la mano. Nota que *la película entera ya existe* en el disco.

Cuando pones el DVD en el reproductor y observas la historia desarrollarse, sabes que todo ha ocurrido ya. El reproductor no está creando la historia mientras funciona, simplemente está accediendo a la historia que ya ha sido creada. Está proyectando una porción minúscula de *todo lo que está allí de forma completa y entera,* a tu pantalla de visualización cuadro por cuadro. Esto lo hace *parecer* como si de verdad estuviera *ocurriendo* cuadro por cuadro, aun cuando sabes de cierto que todo está ya en el disco, incluido el mismísimo final de la historia.

Puedes acelerar la reproducción y ver la historia desarrollarse rápidamente, ya no en tiempo real (tal como se entiende "tiempo real"). En la vida real, todos sabemos cómo "el tiempo vuela" cuando te diviertes.

A la inversa, puedes observar la historia en el disco en cámara lenta, y muchos jurarían que han observado pasar un momento crítico en sus vidas *como si todo sucediera lentamente*.

Eso es lo más cerca que esta narrativa puede llegar tratando de explicar, utilizando un ejemplo sencillo que la Mente capta con facilidad, lo que está sucediendo exactamente en la Vida.

Así que ten en cuenta esto: Todo lo que alguna vez fue, es ahora y alguna vez será... *es ahora*. El Universo está lleno de historias, todo lo cual ya se ha llevado a cabo, todo esperando simplemente que nosotros lo presenciemos.

¿Quieres saber esto en términos reales? Mira el cielo nocturno. Lo que ves ya ha sucedido. Las estrellas parpadeantes emitieron sus parpadeos hace años, hace años *luz*. *¿Crees que esto está ocurriendo Ahora Mismo?* Lo que ves *ya ha tenido lugar*.

Hace miles de años.

Así es como sabes, a propósito, que nada malo va a ocurrirle al Planeta Tierra. Esto quiere decir nada completa, total y absolutamente desastroso, al nivel de una calamidad planetaria. No vamos a ser borrados del cielo por un meteoro, ni se extinguirá nuestra especie por algún otro cataclismo galáctico. Si esto fuera a ocurrir, *ya habría pasado,* y *no estaríamos aquí para contemplarlo en forma humana.*

El hecho de que estemos aquí para observar la Vida es nuestra evidencia de que la Vida continúa. La única razón para que esto no te resulte evidente es que creas que hay un "futuro". Pero el "futuro" es Ahora. Sólo existe Este Momento. De modo que si nuestro "futuro" contuviera nuestra desaparición, ¡Este Momento no existiría!

~

¿No sería irónico que la vista microscópica de un DVD desde su borde curvo revelara un conglomerado de partículas submoleculares en un disco que se vieran exactamente como una galaxia en espiral?

¿Es tan aventurado imaginar que la Vía Láctea es tan sólo uno en el millón de DVD (Divinas Visiones Demostradas) que forman la "colección de películas" de Dios?

¿Resulta complicado pensar en esto? Es válido. Puede ser algo un tanto extravagante. Cuando menos ponerlo en palabras, si no es que la física misma. Pero esto podría intrigarte: los físicos afirman que el universo entero puede explicarse con fórmulas matemáticas. Y tú ya sabes que todo eso en el disco son *datos digitales*; es decir, *matemáticas*. No imágenes sino dígitos que, mediante su secuenciación y su fórmula, *generan* imágenes.

Y si eso no te intriga, prueba con esto de William Shakespeare:

> *Ello es, Horacio, que en el cielo y en la tierra hay más*
> *de lo que puede soñar tu filosofía...*

Hamlet

Acto I, escena V

∾

(Nota del Editor Original: Partes de la analogía del DVD aparecieron inicialmente impresas en *La tormenta antes de la calma,* el primer tomo de la serie Conversaciones con la Humanidad, de la cual este es el segundo. Ambos libros en conjunto ofrecen una invitación apremiante para crear una historia humana completamente nueva, con muchas ideas acerca de cómo cada persona puede cambiar la creación de experiencia individual y colectiva.)

∾

¿Entonces, qué bien te hace saber que todo lo que alguna vez fue, es ahora y será algún día, es ahora? Además de su valor como conocimiento esotérico, ¿tiene algún otro esa información?

Sí. Nos permite saber que todo saldrá bien *sin importar cómo resulte.* La prueba de ello es que *sigues aquí,* atestiguando la presente "representación" de este "drama".

Usemos la imaginación una vez más. Imagina que estás en la videoteca abovedada de un estudio cinematográfico buscando viejas cintas, preservadas aún en celuloide. Supón entonces (y, a propósito, esto no está por fuera del reino de lo posible) que tuvieras oportunidad de ver fragmentos de diferentes "tomas" de escenas clásicas —tomas no incluidas en el filme como lo conociste—, entre ellos *finales alternativos* totalmente diferentes.

O imagina que estás en un asiento en la fila de atrás de un teatro a oscuras de Broadway. Han pasado dos semanas del estreno de una obra importante, y el dramaturgo y el director están experimentando con distintas maneras de interpretar una escena que no ha funcionado como a ellos les gustaría.

Ahora imagina que tu vida es exactamente así. Imagina que una escena tiene que funcionar como quieres. ¿No sería maravilloso tener oportunidad de interpretar esa escena de nuevo, de manera diferente?

Bueno, el hecho revelado con el "conocimiento esotérico" derivado previamente del ejemplo del DVD mencionado antes es que tú *tienes* la oportunidad de interpretar de nuevo la escena. Cada escena. O cualquier escena particular, o *tipo de escena,* que desees.

¿Quieres volver a hacer una escena de traición? ¿Una escena de ira? ¿Una escena de autodescubrimiento? ¿Una escena de fracaso? ¿Una escena de gran alegría, no realizada plenamente?

Puedes interpretar cualquier escena o tipo de escena una y otra vez, tan a menudo como desees. *Ese* es el propósito de saber acerca del hecho de que todo lo que alguna vez fue, es ahora, o será algún día, *es ahora.* Todas las posibilidades en el Universo existen de manera simultánea, y tú debes decidir cuáles deseas experimentar *esta vez por medio de la escena.*

¿No has tenido alguna vez la experiencia de verte abrumado por una sensación de "Oh, Dios mío, ya *he estado aquí antes?*

El *déjà vu,* del francés, literalmente "ya visto", es el fenómeno de creer que un evento o experiencia ha ocurrido en el pasado.

Y así fue.

Pensar en tu vida como una obra, contigo como el personaje principal, puede ser nuevo para ti, pero no lo era para el señor Shakespeare, el gran dramaturgo que citamos anteriormente. Dijo:

> *El mundo es un gran teatro,*
> *y los hombres y mujeres son actores:*
> *todos hacen sus entradas y sus mutis,*
> *y diversos papeles en su vida.*

Como gustéis
Acto II, escena VII

∿

Veamos ahora cómo una escena de la vida puede interpretarse en tu propia experiencia diaria.

He aquí un ejemplo...

Digamos que el Propósito Divino en un momento específico es experimentar, a través de ti, ese aspecto de la Divinidad que llamas "paciencia".

En tal caso, ¿sería más *significativo* para tu Alma, en cuanto agente de lo Divino, crear un momento o una hora o un día en el que todo saliera a la perfección y no se

> **Un Conocimiento del Alma:**
> Todo lo que alguna vez fue, es ahora y alguna vez será, *es ahora.*

necesitara un gramo de paciencia? ¿O, por otro lado, sería más relevante colaborar con otras almas en la co-creación de una situación, condición, evento o circunstancia en la que tengas una oportunidad de *demostrar paciencia,* y así *experimentarla* y *volverte* paciente?

¡Ah!, dice la Mente, *ya veo.*

Y así observamos que el Propósito Divino no siempre puede involucrar que el Alma tome lo que llamarías el camino más fácil. Con todo, la Senda del Alma será siempre la *más sencilla,* y la *más rápida,* para experimentar la Completud del Viaje Sagrado. Puedes elegir interpretar las escenas en tu vida en cualquier forma que desees. Puedes elegir la senda "más fácil" (en el caso anterior, evitar las escenas que requieran "paciencia"), o la senda "más rápida". Respecto de cómo interpretas las escenas en tu vida, puedes hacerlo como gustes.

~

Al final encontrarás que la senda más rápida también será la más alegre, precisamente porque resolver el reto más grande genera la mayor recompensa. Y es una función de la vida poner un reto ante ti. No dificultades, no creas. Simplemente retos. La palabra "reto" no es sinónimo de la palabra "lucha". La primera no necesariamente genera la segunda.

De hecho, esta es una definición de diccionario que podrías encontrar interesante: RETO: *Una búsqueda de la verdad de algo, a menudo con una invitación implícita a dar pruebas de ello.*

De manera que los retos en tu vida no deben ser luchas, sino *preguntas.* Y el reto más elevado plantea la pregunta más importante: ¿Cuál es la verdad acerca de quién eres? ¿Cuál es la prueba?

Cada pensamiento que adoptes, cada palabra que pronuncies, cada acción que emprendas es tu respuesta. Es tu Verdad Acerca de Ti Mismo, *y tu prueba de ello.*

16

Eliminar la complejidad
de la vida

Hay algo muy importante que debes saber y comprender, o esta parte de tu exploración podría volverse muy desalentadora.

Una vieja perspectiva humana y un tradicional punto de vista religioso (estudiado en el libro *Los 25 mensajes clave de las Conversaciones con Dios*) es que Dios desea que los humanos aprovechen el sufrimiento para volverse mejores y purificar su alma. El sufrimiento es bueno. Te merece créditos, o puntos, ante la mentalidad de Dios, en especial si lo soportaste en silencio y tal vez incluso lo "ofreciste" a Dios.

El sufrimiento es una parte necesaria del crecimiento y el aprendizaje humano y es, de manera más importante, un medio por el que la gente puede redimirse a los ojos de Dios.

De hecho, una religión entera tiene sustento en esta creencia, y asegura que todos los seres han sido salvados por el sufrimiento de uno solo, que murió por los pecados de los demás. Este ser pagó la "deuda" debida, se decía, a Dios por la maldad y la debilidad humanas.

Según esta doctrina, Dios ha sido lastimado por la maldad y la debilidad de la humanidad, y para poner las cosas en orden, *alguien tiene que sufrir*. De otro modo, Dios y la humanidad no pueden reconciliarse. Por tanto, se estableció el sufrimiento como experiencia redentora.

En cuanto al sufrimiento de los seres humanos debido a causas "naturales", no debe acortarse mediante la muerte bajo ninguna circunstancia que no sea también "natural". El sufrimiento de los animales puede terminarse misericordiosamente antes de la muerte "natural", pero no el sufrimiento de la gente. Es Dios y sólo Dios quien determina cuándo debe terminar el sufrimiento humano.

Un resultado de esta enseñanza: los seres humanos han soportado sufrimientos inimaginables por largos periodos para cumplir la voluntad de Dios y no incurrir en Su ira en el Más Allá. Millones de personas sienten que aun cuando una persona sea muy, muy anciana y esté sufriendo muchísimo, permaneciendo al borde de la muerte pero sin morir, y en lugar de ello experimentando dolor interminable, esa persona debe soportar cualquier cosa que la vida le presente.

La humanidad de hecho ha creado leyes civiles para declarar que la gente no tiene derecho a terminar su propio sufrimiento, ni pueden asistir a otros a terminar el suyo. Sin importar lo angustioso que pueda ser, o lo desesperada que se haya vuelto una vida, el sufrimiento debe continuar. Esta es, nos dice el punto de vista ortodoxo, *la voluntad de Dios.*

Ahora, en la que algunos prefieren pensar como una época ilustrada, mucha gente (por supuesto, no toda) ha rechazado esas ideas. No obstante, un gran número las han sustituido con *nuevos* pensamientos que no son mucho mejores, sugiriendo que el deseo innato de la humanidad de experimentar la Divinidad sólo puede satisfacerse al *sufrir* lo que la humanidad experimenta como opuesto de la Divinidad.

De hecho, después de leer el apartado cerca del final del capítulo anterior *aquí mismo*, uno podría imaginar a una persona enojarse bastante y decir: "¿Me estás diciendo que si Dios quiere experimentar la Cualidad Divina llamada 'paciencia', yo tengo que sufrir a lo largo de todo lo que cree esa oportunidad? ¿Estás diciendo que tengo que seguir sufriendo *todas* las dificultades y situaciones de prueba en mi vida sólo para que Dios pueda *conocerse a Sí Mismo?* Perdona, ¡pero *no, gracias!*"

Así que antes de que vayas demasiado lejos por esa ruta, toma en cuenta este Aviso Oficial, por favor, esta nota de la Dirección:

DIOS NO TE ESTÁ PIDIENDO SER UN SUFRIENTE SUSTITUTO.

Es muy importante mantener esto en la Conciencia Amplia, para cuando te encuentres aceptando la idea de que experimentas dificultades y sufrimiento *como respuesta al deseo de Dios* de experimentar la Divinidad.

Si experimentas dificultades y sufrimiento no es porque hayas respondido al deseo de Dios, sino porque lo has olvidado.

∽

El Deseo Más Grande de Dios es experimentar la Divinidad en su Forma Más Plena. Esa Forma Más Plena no incluye dificultad ni sufrimiento. No se te exige experimentar negatividad en forma alguna para que Dios experimente la Divinidad en todas las formas.

Las emociones que generan dificultad y sufrimiento son producto de la Mente humana. Dios no definió ninguna situación como "mala", ni se "molestó", "ofendió" o "frustró" porque una circunstancia particular haya surgido.

Dios entiende que todo cuanto surge es una invitación a que la Divinidad se exprese a sí misma en su siguiente nivel más elevado.

Puedes entender esto también en un nivel teórico, pero aun cuando eres un ser Divino, no eres todo lo que Dios es, y por tanto es comprensible que aunque Dios no experimenta sufrimiento, tú podrías.

Una gota del océano es agua, sin duda, pero no es El Océano. Aunque comparada con una partícula submolecular, una gota de agua bien podría *ser* El Océano; tal es su tamaño relativo y su poder cuando gira a través de un campo de partículas submoleculares. Y así como es la gota de agua respecto del océano, así eres tú en comparación con Dios. Esto significa que tienes Poder Divino en proporción a tu tamaño. Y *eso* significa que posees Poder Divino *en proporción a tus problemas.*

Esta podría ser la información más importante que podrías recibir jamás.

Los problemas que cada uno de nosotros enfrentamos cada día, considerados dentro de todo el Campo Contextual en que Dios existe, sin duda son minúsculos. De hecho, dentro de ese contexto no son "problemas" en absoluto, sino simplemente "condiciones". Pero para cada uno de nosotros nuestros mayores problemas se sienten, comprensible —y apropiadamente— muy grandes. Después de todo, *nosotros* los enfrentamos, no Dios.

¿O sí...?

¿Y si fuera Dios quien *enfrentara* estas condiciones, *a través* de nosotros?

Si Dios viviera en nosotros, eso sería cierto. Y Dios *vive* en nosotros, así que *es* cierto.

El mensaje aquí es que somos más grandes de lo que pensamos, y nuestros problemas son más pequeños en relación con nosotros de lo que imaginamos. Los místicos y sabios han dicho por siglos que la vida nunca nos manda un problema demasiado grande como para manejarlo. Tienen razón. Y en *grupos,* nosotros, trabajando en conjunto tenemos suficiente poder para superar cada problema que otros grupos de nosotros hayamos creado. Todo lo que tenemos que hacer es *decidirnos a hacerlo.*

Y así en nuestro propio espacio personal, y en el ambiente creado en forma colectiva por la mayoría de nosotros, somos, en cierto sentido, Deidades, así como una gota de agua es un "océano" en el espacio de una partícula submolecular.

El inmenso poder que te pertenece tiene que ver con las herramientas que te han sido dadas para crear las experiencias de tu vida. Con estas herramientas, puedes terminar con el sufrimiento en tu vida para siempre, y eliminar las dificultades en tus encuentros.

Estas herramientas se comparten en la Parte Tres de este libro, cuando veamos cómo Lo Único Que Importa puede aplicarse de manera práctica cada día.

Por ahora, permítete saber que tu Alma experimenta todos los Momentos de la Vida de manera completamente diferente a la de tu Mente, así que no encontrarás estas poderosas herramientas en el despliegue de recursos de tu Mente.

> Un Conocimiento del Alma:
> Posees Poder Divino en proporción a tus problemas.

Al final, no al principio. No hasta que hayas entrenado a tu Mente para incluir a tu Alma en tu consideración de todo lo que sucede a tu alrededor. Entonces tu Mente podrá utilizar estas herramientas en vista de cualquier circunstancia exterior, pasada o presente, que invite a tu siguiente demostración de Divinidad.

Ahora digamos una vez más que no se exige entrar en demostraciones semejantes. No tienes que hacerlo. No se te pide.

Puedes elegir que la expresión y la experiencia de la Divinidad sean el propósito de cualquier Momento dado de tu vida, o no, como tú lo desees. Nada "malo" te sucederá al final de tu vida actual en la Tierra si no lo haces. La opción es enteramente tuya. Muchas de las teologías del planeta describen esta elección como Libre Albedrío.

～

Hay una razón para que nada malo te suceda si no escoges expresar la Divinidad en tu vida, una razón que la mayoría de las teologías de la Tierra rechazan. La razón es que no puedes *dejar* de expresar la Divinidad, sin importar lo *que* hagas.

¿Recuerdas cuando fuiste invitado aquí a tener paciencia? Por favor, ejercita la paciencia una vez más. Ahora nos aventuramos más en esta complejidad espiritual porque entender esto puede ayudarte a eliminar mucho de la complejidad de la vida humana.

Habiendo dicho esto, ten en cuenta que lo que estás a punto de leer *puede ser el concepto más difícil acerca de la Vida y de Dios que la humanidad haya sido invitada a adoptar alguna vez.*

~

La única manera en que un ser humano podría dejar de expresar la Divinidad sería que un pensamiento, palabra o acción humana fuera ajena a lo Divino, y *tal cosa es imposible.* Es la Gran Imposibilidad de la vida.

En la vida física hay *formas* de la Divinidad —algunas completas, otras incompletas; unas puras, otras distorsionadas— pero no existe la *ausencia* de Divinidad.

Si hubiera una ausencia absoluta de Divinidad, la vida en la Tierra tendría que estar separada, o "ser ajena" a Aquello Que es Divino. Pero la vida física *no* está separada de Lo Divino, ni puede estarlo ya que es, en su totalidad, una expresión *de* Lo Divino.

Dios por tanto no ve nada que no sea Divino, aun si aparece en forma distorsionada. En la vida física, que se experimenta en términos relativos, no existe la ausencia de la Divinidad, pero hay grados de Ella.

Podría ayudarte pensar en esto como grados de pureza. Imagina poner colorante para alimentos, una gota a la vez, en una jarra grande del agua más pura del manantial más limpio de la montaña. El que se vierta una gota de colorante en el agua no significa que la jarra no contenga agua de montaña, significa que el agua de montaña ahora no es del todo pura. Mientras más gotas pongas en ella, menos pura será el agua que contiene la jarra, pero será aún y siempre agua de montaña.

Mientras más Pensamientos tengas que estén limitados a la Experiencia de la Mente en lugar de incluir la Conciencia del Alma, menos pura será la energía que llena tu ser. Pero esa energía seguirá siendo y siempre será la Esencia de lo Divino.

O piensa en un espejo enmarcado que ha sido ligeramente torcido para producir un reflejo distorsionado, como en la Casa de la Risa de una feria. La imagen se distorsiona en la medida en que la superficie reflejante ha sido torcida, pero el ser en el espejo eres aún, y siempre serás *tú*. Tu imagen puede ser distorsionada, pero no podrá ser otra cosa *que* tu imagen, *distorsionada*.

~

Veamos ahora si podemos encontrar un ejemplo que ponga este concepto "sobre el terreno" en la vida diaria. Una vez más, utilicemos una experiencia común.

El miedo.

Todo miedo (y aquello que deriva de él, como la ira, el odio y la violencia) es una forma distorsionada del amor.

Esa es una declaración importante y deberías leerla de nuevo.

Si piensas en ello, te darás cuenta de que si una persona no amara nada, estaría totalmente libre de miedo ira, odio o violencia, porque no habría *necesidad* de que surjan esas emociones, ni las acciones que proceden de ellos.

Explorando esto aún más, vemos que el miedo, la ira el odio y la violencia son expresiones de la *pérdida,* o de la pérdida *anticipada,* de algo que se ama.

Si no se ama nada, no hay sentido de pérdida o carencia, y por tanto ninguna emoción negativa de cualquier tipo apegada a la ausencia de nada. ¿Puedes verlo?

Como los humanos, en su limitada perspectiva, malinterpretan cómo expresar su amor, se comportan de maneras que parecen opuestas al amor pero que son, de hecho, distorsionados *lamentos* de amor.

Todas las expresiones de ira y miedo, odio y violencia, son distorsionados lamentos de Amor. Recuerda eso. Por el resto de tu vida, recuerda eso.

La persona que alcanza la comprensión de esto, alcanza los límites de la Divinidad.

～

Donde la Divinidad se expresa el perdón nunca es necesario, pues deja de tener sentido en la presencia de la comprensión absoluta, que es, por supuesto, lo que la Divinidad *es*.

Este era todo el sentido de la historia bíblica en que Jesús perdona al ladrón de la cruz contigua a la suya.

Jesús, en su absoluta comprensión, reconoció que el ladrón actuó por su amor a algo cuando robó, y simplemente expresó ese amor de forma distorsionada.

Y, por supuesto, no había más lugar que el cielo para que fuera el ladrón en todo caso. Precisamente porque Dios entiende a la perfección todo y a todos, no tiene necesidad de crear un lugar de condenación eterna, sufrimiento indescriptible, tormento inenarrable y tortura interminable. *El Cielo es todo lo que hay,* y ese paraíso incluye la vida en la Tierra.

～

Si no experimentamos la Vida en la Tierra como un paraíso es porque aún no hemos entendido el verdadero propósito de la Vida Misma, o cómo manifestarlo en y a través de nuestras vidas diarias. Pero la evolución es el proceso por el que todos los seres sensibles alcanzan ese entendimiento, y la evolución no será negada.

La extraordinaria apreciación de la evolución es que los peores crímenes y comportamientos de los humanos jamás serán perdonados por Dios.

Jamás.

No porque Dios se rehúse a perdonar, sino porque *no es necesaria la absolución* ya que toda acción humana está basada, de raíz, en el amor, aunque confundido, mal entendido o distorsionado en su expresión.

> **Un Conocimiento del Alma:**
> Todo miedo es una forma distorsionada del amor.

Como lo menciona *Conversaciones con Dios:* Nadie hace nada inapropiado, dado su modelo del mundo.

El mensaje sanador de ese diálogo es sencillo: la evolución no es un pecado, y Dios no castiga la confusión.

17

Juntar todo

"Tal vez Dios no castigue la confusión, pero castiga la desobediencia. Una cosa es decir que no sabías, pero es otra que se te diga rotundamente cómo son las cosas y luego ignorarlo por completo."

Quizás hayas escuchado antes esas palabras. Enuncian el principio fundamental, la base fundacional de la mayoría de las principales religiones del mundo. "Si has leído hasta aquí este libro y adoptado sus ideas, están en graves problemas", te dicen estos sistemas de creencias. Te dicen que Dios y la Vida no son Uno, sino que Dios *creó* la Vida, y al Hombre como parte de la Vida a Imagen y Semejanza de Dios, pero no por eso —la imagen y semejanza, o la falta de ellas— el Hombre puede volverse Dios, y no debe intentar *ser* Dios, so pena de cometer el pecado más grande, para el cual el castigo *es*, absolutamente y sin duda alguna, la condenación eterna.

Este, nos enseñan dichos sistemas de creencias, fue el gran pecado de Satanás, y es el pecado que Satanás intenta que *nosotros* cometamos, de modo que nos unamos a él en la Perdición. Satanás lo hace, aparentemente, para vengarse de Dios por haberlo enviado a ese terrible lugar. Satanás quiere "robar" a Dios Sus Almas para proclamarlas como propias, y así castigar a Dios por haber sido castigado él mismo.

~

Quizá hayas escuchado antes comentarios como este a propósito de las doctrinas de algunas religiones organizadas, pero puede ser útil ahora mirar detrás del reclamo lo que generó la idea de Bien y Mal/Bondad y Maldad en esas doctrinas en un principio.

El dogma que rodea el "pecado" se basa en la doctrina teológica de la Separación. Esa doctrina debe sostenerse con firmeza o la idea del "pecado" se disuelve.

Las religiones comprenden esto. Es por lo que muchas enseñan que Dios está "por allá" y el Hombre "por acá" y los dos jamás se encontrarán excepto el Día del Juicio, cuando —aunque no se supone que trates de ser Dios— serás, de hecho, juzgado de acuerdo con qué tanto te has comportado *como* Dios.

Se les dice a los humanos que sean *como* Dios, pero tienen que hacerlo sin *ser* Dios. Se les dice que están hechos a imagen y semejanza de Dios, pero no tienen las capacidades de Dios. De modo que están destinados al fracaso antes de empezar en este asunto de ser como Dios tanto como les sea posible.

> **Un Conocimiento del Alma:**
> La Vida te invita siempre a vivir la vida para la que fuiste diseñado.

Con todo, Dios los perdonará por sus fallas si lo intentaran. Pero si *no* lo intentan, o si lo intentan pero fracasan miserablemente y de la peor manera posible, Dios los juzgará, castigará y condenará a tortura y dolor perpetuos.

Esta es la teología humana —la mayor parte de ella— en resumen. Existen variaciones sobre el tema, pero eso es lo esencial de ello.

~

No tiene caso ir más allá con esto. Otros cientos de libros se han escrito sobre la materia. Pero ahora considera esto: si la separación de Dios *no* es la Realidad Última, si la *identidad* revelada de Dios como Aquel-Que-Creó-La-Vida, Pero-Es-"Ajeno"-A-La-Vida *no es el verdadero estado de las cosas,* entonces la base de la mayoría de las teologías humanas es defectuosa; sus doctrinas se desmoronan.

Si la humanidad eligiera hacer a un lado la Doctrina de la Separación, la vida en la Tierra podría vivirse conforme a una Nueva Teología, de una nueva forma: no como un intento de *volver a Dios en el cielo,* sino *volver a crear el cielo en la Tierra;* no como un esfuerzo por asegurar que no seamos excluidos del Reino de Dios, sino como un esfuerzo por asegurar que el Reino de Dios no sea excluido de *nosotros,* y asegurar que todo este *lugar* (llamado Tierra) sea tratado como *parte* de ese Reino.

Irónicamente, esto lo lograríamos siendo como Dios tanto como podamos. De modo que esta es la Suprema Ironía: primero se nos dice que Satanás fue castigado por creer que era Divino, luego se nos dice que fuimos hechos "a imagen y semejanza de Dios" y que *nosotros* seremos castigados si *no* nos comportamos de manera Divina.

La teología de nuestros antepasados nos hace ir y venir, y la especie humana ahora enfrenta una elección para crear su futuro: La Vieja Teología o la Nueva Teología; el Dios del Ayer o el Dios del Mañana.

La segunda elección ofrece el más tentador aliciente de la Vida jamás planteado: vivir la vida para la que fuiste *diseñado,* experimentar tu Ser en su forma más verdadera, expresar la Esencia de Quien Eres en Realidad en la siguiente forma más grande.

Esto no es algo que esté fuera de la capacidad de los humanos. La "gente común" como tú ha hecho esto. Recuerda, de lo que se habla aquí es de expresar la Divinidad en la siguiente forma más grande, y ese es un proceso continuo en expansión.

La buena noticia es que expresar incluso una *porción* minúscula de Divinidad puede cambiar la vida de uno de manera tan dramática que la lucha y el sufrimiento, la ansiedad y la preocupación, el temor y la ira, la pena y la miseria pueden retirarse de los diarios encuentros de uno para siempre.

∿

La Completud del proceso *entero* de Experiencia Divina A Través de la Expresión en el Reino de lo Físico es imposible debido a la limitación misma de lo físico, algo señalado en el Capítulo 14 a propósito de la naturaleza finita de nuestras vidas. Pero en la Totalidad del Reino de Dios, formado por tres partes (el Reino de *lo Físico* más el Reino de la *Espiritualidad* más el Reino del *Puro Ser)*, la Totalidad de la Divinidad *puede* ser conocida, expresada y experimentada por la Totalidad de Ti.

Esta imposibilidad de la Completud del Viaje Sagrado *por entero* durante una vida física es lo que la teología estándar ha entendido correctamente, pero enseñado de modo incorrecto. Ha intentado enseñarlo con buena fe, pero lo ha hecho de manera imprecisa y peligrosa, compartiendo como dogma la doctrina de la Separación de Dios, y no compartiendo como una celebración la verdad de la magnificencia de Dios.

No es porque todas las cosas físicas estén separadas de Dios, sino exactamente lo opuesto: ¡se debe a que todos estamos unidos a una Divinidad tan absolutamente *magnífica* e *ilimitada* que necesitamos más de una vida para experimentarla!

Como ya hemos explicado con el ejemplo de una representación, ¡a un Alma le puede requerir muchos intentos a lo largo de una sola existencia (generando a veces, como comentamos hace un momento, la experiencia del *déjà vu)* y el paso por cientos de existencias separadas (¿te suena familiar la *reencarnación?)* ser "completamente" Completa! Todo lo cual nos lleva de vuelta a ti, la expresión individual de lo Divino que está emprendiendo esta autoexploración al leer este libro ahora mismo. ¿Qué tiene que ver todo esto con ayudar a enfocarte, en este día de tu vida, en Lo Único Que Importa?

Bueno, desde el principio hemos señalado que es importante entender cómo *funciona* algo antes de que puedas entender por qué *no* está funcionando. La narrativa aquí ha sido dirigirte, paso a paso, por el esquema de la Vida, recordando a tu Mente lo que tu Alma sabe acerca de cómo fueron diseñadas las cosas para funcionar. En resumen, entonces, esta es dicha información, condensada.

~

El Gran Diseño es este: Dios creó lo físico como medio para expresar Su Totalidad en términos relativos, de modo que pudiera experimentar la Divinidad en todos Sus aspectos.

El Esquema de la Vida Física Humana es este: Eres un ser conformado por tres partes, Cuerpo, Mente y Alma. No hay separación dentro de esta tríada, la cual ha sido llamada aquí "La Totalidad de Ti". La Totalidad de Ti es, de hecho, una individualización de la Divinidad Misma. Incluso como Divinidad es un Trino (SER, SABER, EXPERIMENTAR), del mismo modo que lo eres tú (ALMA, MENTE, CUERPO). *Estás,* tal como han dicho en muchos círculos teológicos, hecho a imagen y semejanza de Dios.

La Agenda del Alma es esta: Expresar y experimentar todo aspecto de su Verdadera Identidad en cuanto Individualización de la Divinidad al alcanzar la Completud del Viaje Sagrado en continuadas expresiones de Vida; crear de forma colaborativa, con otras almas, las condiciones, situaciones y circunstancias perfectas y adecuadas dentro de las cuales se haga posible experimentar esto.

El Viaje Sagrado es este: una continua, eterna expresión del Alma, de la Energía Primaria o Esencial llamada Vida, en formas específicas y particulares, cumpliendo el Propósito Divino por medio de fisicalizaciones, referidas en términos humanos como "existencias".

El Propósito Divino es este: Completud Continua. Es decir, la experiencia completa de la Divinidad en todos y cualquiera de sus aspectos por medio de expresiones físicas continuas que reflejen la Naturaleza de lo Divino en la medida en que cualquier manifestación física es capaz de hacerlo en cualquier etapa evolutiva específica.

∿

Cuando una flor se abre, el Propósito Divino (la expresión y la experiencia de cualquier aspecto de la Divinidad) ha sido cumplido, y El Viaje Sagrado de la forma de vida llamada "flor" ha alcanzado la Completud en esa etapa. No llega a lo que podría llamarse Completud "total" porque la forma de vida llamada "flor" no puede y no "morirá" o "se marchará". Su energía simplemente cambia de forma, pasando a la siguiente etapa de su expresión y manifestación.

Cuando un árbol crece hasta su punto más alto, desplomándose al final por su propio peso, el Propósito Divino (la expresión y la experiencia de cualquier aspecto de la Divinidad) ha sido cumplido, y El Viaje Sagrado de la forma de vida llamada "árbol" ha alcanzado la Completud en esa etapa. No llega a lo que podría llamarse Completud "total" porque la forma de vida llamada "árbol" no puede y no "morirá" ni "se marchará". Su energía simplemente cambia de forma, pasando a la siguiente etapa de su expresión y manifestación.

Cuando un ser humano se expresa plenamente, el Propósito Divino (la expresión y la experiencia de cualquier aspecto de la Divinidad) ha sido cumplido, y El Viaje Sagrado de la forma de vida llamada "humano" ha alcanzado la Completud en esa etapa. No llega a lo que podría llamarse Completud "total" porque la forma de vida llamada "humano" no puede y no "morirá" o "se marchará". Cuando un tiempo de vida específico termina, un ser humano hace exactamente lo mismo que otras Formas de Vida: su energía cambia de forma, pasando a la siguiente etapa de su expresión y manifestación.

A diferencia de las flores, los árboles y otras Formas de Vida biológicas menos desarrolladas, la Expresión de Vida llamada seres humanos es capaz de expresar y experimentar sabiduría, en específico la Sabiduría del Alma, mediante la cual, cuando se añade a la Experiencia guardada en la Mente, puede alcanzarse un estado de "Completud parcial" muchas, muchas veces, durante varios momentos, a lo largo de un tiempo de vida física.

> *Terminar el momento, encontrar*
> *el final del viaje en cada paso del camino,*
> *vivir el mayor número de horas buenas,*
> *es sabiduría.*

Ralph Waldo Emerson

~

Los humanos han alcanzado un nivel de Conciencia que puede ser el más elevado para cualquier Forma de Vida sobre la Tierra. (Nos imaginamos más avanzados que los delfines o las ballenas y la mayoría de las demás Formas de Vida, pero esto no es seguro de ninguna manera.)

Como se explicó antes en este estudio, tu Forma de Vida ahora alcanza un nuevo nivel de Conciencia Amplia como resultado de que la Mente pone ahora mucha más atención a la Conciencia del Alma, tal como un primitivo ser humano en algún momento se volvió consciente de que el reflejo que veía en el agua era su propio Ser.

Mediante el proceso en que te has involucrado aquí mismo, en estas páginas, has visto tu propio reflejo y lo reconoces como tu Ser.

Para emplear la Metáfora de la Senda de la Vida una última vez: cuando tu Mente y tu Cuerpo se apartan de la Senda del Alma es cuando la Mente olvida. Y el Cuerpo y la Mente no están *obligados* a seguir la Senda del Alma, como se ha explicado, y por eso pueden verse interesados en otras atracciones. Sin embargo, ampliando la metáfora, hay un accesorio de seguridad dentro de este proceso, un accesorio que te garantiza que a la larga llegarás con seguridad hasta la cima de la montaña. Como todos los buenos escaladores de montañas, las tres partes de La Totalidad de Ti están atadas. (Algunos maestros espirituales llaman a esta conexión "el cordón de plata".)

El cordón es muy largo, de Modo que la Mente y el Cuerpo pueden vagar muy lejos del Alma antes de que llegue a tensarse. (Podría decirse que Dios te ha dado "bastante cuerda".) Pero en algún punto la línea se estira y tensa; es entonces que empiezas a sentir que estás siendo jalado en tres direcciones distintas.

Todos han experimentado esta sensación. Puedes sentirte de esta manera ahora mismo. Si es así, es porque has dejado La Senda del Alma. Pero no te preocupes, estás yendo de regreso a ella. Y esta vez tendrás un mapa para mostrarte cómo *seguir en la senda*.

Porque esta vez sabrás acerca de Lo Único Que Importa.

18

El mapa

Y así llegamos al punto esencial. Ya que hemos revisado la Vida y su Propósito Divino, descrito en metáforas El Viaje Sagrado, explicado en detalle la Agenda del Alma, y definido la verdadera naturaleza de La Totalidad de Ti, llegamos a la pregunta con que empezó nuestra exploración: ¿Qué *es* Lo Único que Importa?.

La respuesta formará la base de cada día, cada hora, cada minuto de tu vida. Esta respuesta impactará en todo lo que pienses, digas y hagas. Esta respuesta afectará la calidad de tu vida desde la mañana hasta la noche.

Esta respuesta determinará qué tan exitoso eres y qué defines como "éxito". Esta respuesta determinará qué tan sano eres y qué defines como "salud". Esta respuesta determinará qué tan amado y amoroso eres y qué defines como "amor".

Esta respuesta literalmente creará tus relaciones, tanto las íntimas y románticas como las relaciones con tu familia, amigos y todos aquellos en tu mundo exterior. Esta respuesta generará lo que haces para vivir y lo que haces para tener una vida. Esta respuesta afectará cómo pasas el tiempo con aquellos que quieres, y lo que haces cuando estás solo.

Esta pregunta afectará *todo*, tu vida entera, desde este momento hasta el momento en que mueras. Afectará incluso *cómo* mueras.

Lo Único Que Importa es tan significativo que todo palidece en comparación con ello, se reduce hasta ser intrascendente en su presencia, y probablemente sólo existe en *principio* a causa de ello.

Todo tu pasado es un reflejo de Lo Único Que Importa, y todo tu futuro será creado por ello.

Y aquí está. En esta vida en la Tierra, esto es Lo Único Que Importa:

LO QUE UNO DESEA.

~

Ahora bien, puede no ser todo lo que esperabas. Pero el compromiso propio para buscar anunciar y declarar, saber y expresar, experimentar y cumplir siempre y continuamente sólo Lo Que Uno Desea está en el centro de tu capacidad para contribuir a La Agenda del Alma, para alcanzar la Completud del Viaje Sagrado, y para lograr el Propósito Divino.

Tu decisión de hacer esto es la más poderosa que jamás tomarás. Y lo que lo vuelve aún más crítico de lo que podría parecer a primera vista es el hecho de que no es una decisión que tomes una vez y luego vivas con ella. Es una decisión que tomas cada segundo de cada minuto de cada hora y cada día. De hecho, has estado tomando esta decisión desde que fuiste lo suficientemente adulto para pensar en ello.

Pero probablemente has estado pensando en ello de la manera incorrecta.

Y de eso es de lo que se trata la Parte Tres de este libro.

Es acerca de Lo que Uno Desea, y lo que eso realmente significa.

~

Prepárate.

No es lo que piensas.

PARTE TRES

~

UNA DESCRIPCIÓN DE CÓMO ES
CAMINAR POR LA SENDA DEL ALMA,
Y UN OFRECIMIENTO DE EXTRAORDINARIAS HERRAMIENTAS
PARA ENFOCAR TU VIDA POR ENTERO
EN LO ÚNICO QUE IMPORTA

19

¿De verdad debería uno pasar la vida atendiendo sólo lo que uno desea?

Querido Amigo: Si saltaste hasta la Parte Tres, necesitarás ir cuando menos unas páginas atrás y leer el capítulo anterior. Si llegaste hasta este lugar del texto leyendo toda la Parte Dos, sabes ahora que Lo Único Que Importa es Lo Que Uno Desea.

¿Pero puede esto ser verdad? ¿Realmente es nuestra conclusión, tras esta larga y profunda exploración de lo más importante en la Vida, que lo que más importa en la Vida son *los deseos de uno*?

Sí, podría ser verdad y lo es. Más aún, la mayoría de la gente ya sabe esto. El problema no es que la gente no sepa que Lo Único Que Importa es Lo Que Uno Desea, sino que han estado *pensando en ello de manera incorrecta*.

La mayor parte de la gente cree que enfocarse en Lo Que Uno Desea quiere decir enfocarse en sí mismos. Es todo lo contrario. ¿Pero cómo podría cualquiera de nosotros saber esto cuando todo en nuestra cultura, en nuestra educación y en nuestras interacciones sociales nos ha llevado directo a este enorme malentendido?

Aun aquellos que han rechazado la ortodoxia de la sociedad moderna de Más Grande/Mejor/Más, que se han apartado de su adoctrinamiento y rehuido sus tradiciones y convenciones volviéndose a creencias y estilos de vida "alternativos", han escuchado de boca de sus nuevos maestros, ministros y sanadores *exactamente el mismo mensaje:* ¡Puedes tener todo lo que deseas usando El Poder en tu Interior!

¡Es verdad! ¿No has visto la película? Hubo una sobre este mismo tema no hace mucho. Tenía que ver con cómo podemos usar una ley fundamental del Universo, la energía creativa a la que llama la Ley de Atracción, para imantar y atraer hacia nosotros cualquier cosa que nuestros corazones deseen, y cómo los pocos que saben de este poder lo han mantenido largo tiempo en secreto lejos de nosotros.

Al fin, proclama el filme, esta fórmula ha sido revelada, ¡y *todo mundo* puede tener Lo Que Uno Desea!

¿Y qué es lo que se muestra como Lo Que Uno Desea?

El filme muestra a un hombre que camina a la entrada de su casa y encuentra el auto que siempre soñó tener; una mujer parpadea maravillosamente sorprendida ante la mágica aparición de un collar enjoyado en su corpiño; incluso un chico queda en éxtasis ante el descubrimiento de una reluciente bicicleta nueva afuera de la puerta de su casa, esperándolo.

> **Un Conocimiento del Alma:**
> Lo Único Que Importa es Lo Que Uno Desea.

Ni una palabra sobre cómo, si de verdad *tuviéramos* todo ese poder, podríamos generar paz para el mundo. O terminar con el hambre global. O aliviar el sufrimiento en el planeta.

Ni una palabra.

Y no es culpa del realizador. Estaban simplemente reflejando las prioridades de la cultura de la humanidad. Estas se han vuelto las prioridades de nuestra llamada "Nueva Era".

Esta es la cultura a la que la mayoría hemos sido arrojados, y en la que los más seguimos sumergidos. Poco sorprende que estemos confundidos en cuanto a Lo Único Que Importa.

∽

Y entonces llega un libro con ese mismo título que ofrece ayudar a terminar con nuestra confusión, aunque intenta hacerlo al decirnos, *de nuevo*, ¡lo que todos nos han estado diciendo todo el tiempo…!

Lo Único Que Importa es Lo Que Uno Desea.

Pero espera. Un momento. Hay más. Hay más que decir aquí acerca de Lo Que Uno Desea.

En niveles más elevados de Conciencia Amplia esas tres palabras adquieren un significado más profundo. Cuando estás plenamente despierto, descubres que "Lo Que Uno Desea" no se refiere a tus deseos personales, sino a los deseos del Uno.

Entonces, a niveles incluso más elevados de Conciencia Amplia, encuentras que *los dos son Uno y Lo Mismo*. Tus deseos personales y los deseos del Uno son *idénticos*.

¿"El Uno"?

Sí, *El Uno*.

～

Todas las cosas son Una Cosa. Sólo hay Una Cosa, y todas las cosas son parte de la Cosa Única Que Existe.

Esta Cosa Única ha sido llamada de muchas maneras. Ha sido llamada Vida. Ha sido llamada La Esencia Esencial. Ha sido llamada La Energía. Ha sido llamada Alá, Brahman, Divinidad, Elohim, Dios, Jehová, y muchos otros nombres también. No importa qué nombre emplees, Es la cosa única que existe, y tú eres parte de ella.

Como eres parte integral de ella, es únicamente natural que lo que quieres en el núcleo de tu ser es lo que quiere en el centro de su existencia.

Para los propósitos de esta conversación nos hemos referido a La Cosa Única Que Existe con la palabra "Divinidad", y de manera ocasional con la palabra "Dios".

LO ÚNICO QUE IMPORTA

~

La Divinidad tiene un solo deseo, y ese es experimentarse a Sí
Misma plenamente por medio del completo Conocimiento y
Expresión de Sí Misma.

La Vida es Su logro precisamente de eso. No una *parte* específica de la Vida, sino *todo en la Vida en su conjunto*. Es la *suma y
la sustancia* de la Vida en forma agregada, colectiva, colaborativa,
que es la Experiencia de la Divinidad en el nivel de Completud.

Cada aspecto de la Divinidad alcanza la Completud al alcanzar *su expresión particular* en plenitud.

La Divinidad empodera a la Divinidad para conseguir este
resultado. Es decir, la Vida empodera a la Vida para generar más
vida, y para expresar la Vida en plenitud, porque el Deseo de la
Divinidad es la Expresión de la Vida en Plenitud.

Ese es tu deseo también.

Desde los primeros días de tu infancia hasta el respiro que
diste hace un instante, ese ha sido tu anhelo, tu sueño y tu meta.
Y ahora que recuerdas esto, te parece obvio. Parece evidente,
también, que no hay *diferencia* entre tu anhelo más profundo y
el deseo de Dios.

El deseo de Dios está implantado en tu Alma, la cual es el aspecto de tu ser que es la Esencia Esencial, la parte de ti que lleva
el Impulso Divino a lo largo de esta existencia. (Y, de hecho, de
todas las existencias.)

> **Un Conocimiento del Alma:**
> Cada aspecto de la Divinidad alcanza la Completud al alcanzar *su expresión particular* en plenitud.

El Alma es también el aspecto de ti que
recuerda esto. Nunca olvida, no puede olvidar porque *es* La Memoria Misma. Y así,
el Alma está constantemente Consciente de
Todo Lo Que Hay Que Saber, a lo largo
de la Eternidad. Tu Mente, por otro lado, es
simplemente un almacén de Experiencias
de la vida actual.

(Todo esto ha sido explicado antes en distintas partes de esta exploración, lo sabemos. Se está juntando ahora de manera que con suerte permita que la pieza final del rompecabezas caiga en su sitio.)

Si el Alma conoce Lo Que Uno Desea, y si lo que tu experiencia te dice que deberías desear está guardado en la Mente, entonces el reto y la invitación de la Vida es a unir ambos, con el Alma informando a la Mente, expandiéndola, agrandando la base de datos de la Mente, de modo que la mecánica de la Creación de Realidad genere una nueva y más grande experiencia de Quien Eres.

Esta es la Invitación Especial que estás recibiendo en este momento. Estás siendo invitado a permitir que *Lo Que Uno Desea* se vuelva *tu* deseo, *conscientemente*. Estás siendo invitado a convertir lo que conoces conceptualmente en lo que experimentas funcionalmente.

Una manera de hacer esto es volver *Lo Que Uno Desea* en tu nuevo mantra, de manera que cada vez que tu Mente se vea confrontada por cualquier circunstancia o acontecimiento exterior desconcertante y busque formular una respuesta, hagas recordar a tu Ser no lo que la Mente sola quiere, sino lo que el Alma y la Mente unidas reclaman, y así la Totalidad de Ti pueda elegir expresarse y experimentar *Lo Que Uno Desea*.

Esta no es sino otra manera de declarar: "Que no se cumpla mi voluntad sino la Tuya".

20

Lo que la senda del alma no es

Seamos claros acerca de algo antes de proseguir, antes de describir lo que significa enfocar tu vida en Lo Que Uno Desea al seguir la Senda del Alma.

Las personas no dejan La Senda del Alma porque no quieran permanecer en ella, la dejan porque no saben cómo es La Senda.

Las personas abandonan La Senda por error, no intencionalmente. Preferirían quedarse que vagar, pero se apartan de La Senda, sin embargo, porque algunos de los senderos que se alejan de ella los han tomado tantos y están tan recorridos *que se ven como La Senda.*

La búsqueda del amor se ve como La Senda.

La búsqueda de la seguridad se ve como La Senda.

La búsqueda del éxito se ve como La Senda.

La búsqueda del poder se ve como La Senda.

La búsqueda de dinero se ve como La Senda.

La búsqueda de la felicidad se ve como La Senda.

La búsqueda de sexo se ve como La Senda.

La búsqueda de popularidad se ve como La Senda.

La búsqueda de paz se ve como La Senda.

La búsqueda de la justicia social se ve como La Senda.

Ninguna de estas rutas es La Senda, pero todas ellas pueden verse, de cuando en cuando, *exactamente como La Senda,* aparentando ser el camino que te llevará adonde quieres ir, en especial si no tienes *claro* por entero adónde quieres ir (y mucho menos la manera más rápida de llegar allí).

Si el primer paso hacia la senda real es lo que crees acerca de Dios, el propósito de tu Vida, y acerca de tu Alma, el segundo paso es poner en claro adónde quieres ir. Debes querer ir adonde el Alma va, y no donde el Cuerpo o la Mente a veces desean ir, o creen que *deberían* ir.

El Alma va a un lugar llamado Completud, y esa meta puede alcanzarse mediante un esquema de continuidad, yendo paso a paso, etapa por etapa, en la propia vida.

Si saltaste hasta esta Conversación sin leer nada de la Parte Dos, te perdiste la explicación más profunda al respecto. Podrías pensar, entonces, que la Vida tiene que ver con una meta de mayor alcance, o alguna aspiración elevada. O con algunos resultados más específicos o estructurados más sencillamente y con los que en general es más fácil estar de acuerdo, como los antes enunciados.

Se te puede disculpar por albergar dichas ideas porque algunas de ellas, cuando menos, son objetivos mucho más que dignos. ¿Quién puede discutir con la creación de Amor, Paz o Justicia Social como meta de la vida propia?

> **Un Conocimiento del Alma:**
> Tomar la Senda del Alma cambiará todo.

Sólo si estamos despiertos espiritualmente —o si hemos pasado una vida trabajando por esas cosas y, habiendo alcanzado esas metas cuando menos en parte, descubrimos que *esto no es lo que buscamos,* y que aún no nos sentimos realizados— podemos saber que la Senda del Alma debe ir *hacia otro lado.*

Más aún, sólo si *tomamos* la Senda del Alma hacia ese Lugar En Otro Lado podremos saber que *en* ese lugar encontraremos todo lo que buscamos y luchamos por crear cuando *dejamos* La Senda, incluido todo lo mencionado en la lista anterior.

Puedes, como se dijo antes, confiar en que si toda la humanidad pusiera atención a la Agenda del Alma y a lo que hay que hacer para completarla, lo que se menciona en la lista y las otras tantas cosas que todos los humanos esperan se "manifestarían" en nuestro mundo automáticamente. Ya está ocurriendo así en algunas vidas individuales en todo el planeta.

~

¿Cómo *es* entonces tomar la Senda del Alma; expresar y experimentar Lo Que Uno Desea?

Cambiará todo.

Cambiará tu manera de pensar, de sentir, de hablar, de actuar, cómo *inter*-actúas, cómo amas, cómo juegas, cómo comes, y sí, cómo duermes.

Dormirás mejor de lo que hayas dormido nunca, porque tu Mente estará más descansada de lo que lo haya estado nunca, porque tu corazón estará más abierto de lo que lo haya estado nunca, porque tu Alma habrá sido más escuchada de lo que lo haya sido nunca.

Aún harás muchas de las mismas cosas que hiciste antes, pero las harás por una razón distinta, de distinta manera, con un propósito distinto, buscando un resultado distinto, y generando un efecto distinto.

De pronto te parecerá muy claro el "porqué" detrás de cada "cómo" que está ocurriendo en tu vida, y cuando tengas claro el "porqué" sabrás intuitivamente "qué" hacer en cuanto a lo "que" está ocurriendo, y no se te "ocurrirá" hacer nada más.

La "hacedumbre" no estará ausente de tu vida, pero en adelante será un reflejo, una demostración y un anuncio de dónde te encuentras, y no un intento por llegar a alguna parte.

De manera abrupta, todo parecerá estar perfectamente "bien" en tu vida tal como *es,* aun si ayer decías que las cosas "no estaban bien".

Sentirás este cambio repentino no porque te hayas vuelto apático en cuanto al estado de las cosas sino precisamente lo contrario: porque te has vuelto plenamente *receptivo* en cuanto al estado de las cosas. Estarás respondiendo *plenamente*, es decir, desde La Totalidad de Ti, desde tu Cuerpo, tu Mente, *y tu Alma,* y no sólo desde tu Cuerpo y Mente, que es como la mayoría de la gente en la Tierra ha estado respondiendo a la mayoría de los hechos la mayor parte del tiempo. Lo que, *a su vez,* es la causa de que 98% de la gente haya pasado 98% de su tiempo en cosas que no importan.

21

Una mirada a lo que uno desea y lo que uno hace en la senda

Mientras que la manera de *saber* Lo Que Uno Desea es llevar a tu Alma dentro de tu Mente, combinando ambas hasta formar Una, la manera de *expresar Lo Que Uno Desea* es entonces poner al Cuerpo en este proceso. A esto se le llama Integración. Te lleva en conjunto a la Integridad. Ahora la Santísima Trinidad se ha realizado —hecho *real*— en ti. De esto es de todo lo que se trata el dominio espiritual.

Cuando, en algún Momento, los *tres* aspectos de La Totalidad de Ti están completamente integrados, en ese Momento Lo Único Que Importa es *Lo Que Uno Desea.*

Has alcanzado la Completud.

Has Dominado El Momento.

Lo Que Uno Desea se manifiesta a través de ti, en ti, como tú. El Cuerpo, la Mente y el Alma desvelan en el Reino Físico aquello que es conocido en el Reino Espiritual. Entonces se *experimenta* la Divinidad. Y esta experiencia se crea a través de lo que estás *siendo,* no de lo que estás haciendo.

Cada vez que estás Siendo Amor plenamente, has tomado la Senda del Alma y has alcanzado la Completud. Estás allí. Has llegado. Has alcanzado tu destino.

Cada vez que estás Siendo Entendimiento plenamente, has tomado la Senda del Alma y has alcanzado la Completud. Estás allí. Has llegado. Has alcanzado tu destino.

Cada vez que estás Siendo Compasión plenamente, has tomado la Senda del Alma y has alcanzado la Completud. Estás allí. Has llegado. Has alcanzado tu destino.

Cada vez —en cada *nanosegundo*— que demuestras Paciencia, Cuidado, Ternura, Claridad, Amabilidad, Sabiduría, Generosidad, Aceptación, Bondad o Caridad *plenamente,* has tomado la Senda del Alma y has alcanzado la Completud. Estás allí. Has llegado. Has alcanzado tu destino.

Si hay un momento en que estés demostrando todas estas cosas al mismo tiempo, en ese momento, en ese nanosegundo, ya no tienes adónde más ir. Has expresado, y por tanto experimentado, la Divinidad en el nivel más alto del que tu presente nivel de Conciencia Amplia es posible.

Lo emocionante es que tu nivel de Conciencia Amplia se expandirá entonces de inmediato, permitiéndote ir más lejos hacia experiencias cada vez más grandes.

Esto es precisamente lo que está sucediendo ahora mismo. Esto es exactamente lo que está sucediendo *mientras lees este libro,* y durante estos mismos días y momentos en tu vida. Has alcanzado todas estas cosas una a una, y sí, incluso has alcanzado estas cosas simultáneamente, ya en tu vida. Ahora vas al siguiente nivel. Ahora prosigues a la siguiente etapa en tu evolución espiritual.

~

Ya que recuerdas con tanta facilidad todo esto ahora, la pregunta se vuelve: ¿por qué no lo recuerdas en el momento en que accedes a la siguiente etapa y podrías *usar* estos recordatorios, en el nanosegundo en que tu elección de demostrar y personificar estos aspectos de la Divinidad en el siguiente nivel más elevado podría alterar un momento dramáticamente y cambiar tu vida (por no mencionar la vida de alguien más)?

Así las cosas, aún hay momentos en tu vida en que *no* te sientes amoroso, comprensivo, compasivo, paciente, cariñoso, tierno, limpio, amable, sabio, generoso, bueno o caritativo. ¿Por qué no? En especial cuando *sabes* que esta es la manera en que te *sentirías* si fueras tu Ser Más Elevado.

¿Por qué no puedes acceder a ese nivel más a menudo, cuando quieras, y quedarte allí?

Podría ser porque en algunos de los Momentos en que las condiciones de la Vida te invitan a absorber más de la Conciencia de tu Alma, tu "esponja" se encuentra llena, no puede absorber más "océano", y simplemente necesita exprimirse.

En tales Momentos tu Mente pierde contacto con tu Alma, olvida algo de lo que el Alma sabe, y se imagina que estás siendo atacado, o vas a serlo, y debe defenderte porque imagina que tu primera prioridad es sobrevivir.

O podría ser que tu Mente cree que estás a punto de perder algo o ya lo has perdido, o que algo te está siendo negado o nunca lo has tenido, o que te están confundiendo acerca de algo, o estás perdiendo el control de algo (si no es que de todo).

O podría ser que sientas que simplemente no tienes el tiempo y la energía ahora mismo para redoblar el esfuerzo, para seguir adelante contra las dificultades. Tal vez sólo quisieras que las cosas fueran más fáciles por un tiempo. Por unos cuantos benditos momentos, muchas gracias…

∾

Lo que necesitas son herramientas. Instrumentos. Métodos o enfoques que puedan poner el viento a tu favor, que puedan *darte* una navegación tranquila por un rato, que puedan *limpiar* La Senda al menos un tramo, lo que está justo adelante, de modo que cada… paso no tenga que ser una Gran Dificultad, ni tome un Gran Esfuerzo.

Bueno, has llegado al lugar preciso. Te has traído hasta el lugar correcto. Tú *creaste* este lugar, por medio de tu propia voluntad de estar aquí. Demostraste esa voluntad en el momento en que elegiste este libro.

Y…

…va más profundo que eso.

22

¿Quién eres tú y quién soy yo?

Mi Querido Amigo del Alma: ¿Estás empezando a ver lo que pasa aquí?

Es tu profundo deseo de invocar *tu propia* sabiduría, *tu propia* conciencia de cómo resolver "los problemas inevitables, irresolubles y opresivos de la vida cotidiana (problemas de dinero, tensiones del trabajo, relaciones, etcétera)", lo que está proyectando esa sabiduría y conciencia hacia afuera, a tu mundo exterior, tal como siempre lo ha hecho, motivando que tu propio conocimiento interno "aparezca" en un libro, una película o una conferencia. O en la frase azarosa de un amigo en la calle. O en la letra de la próxima canción que escuches en el radio.

Tú y muchas otras Almas co-crean estos pequeños incidentes de la vida. Por eso es que se llaman *"co-incidentes"*.

Constantemente estás co-creando tu realidad con el Resto de Ti. Empiezas a entender esto a medida que comienzas a recordar que Todos Somos Uno, y que las demás personas sobre la Tierra son simplemente el Resto de Ti.

Pasar de *Conocer* a *Experimentar* esto es la Expresión Suprema de la Completud. Es cuando has experimentado tu Ser plenamente no sólo como *uno* de los aspectos de la Divinidad (amor, compasión, entendimiento, paciencia, aceptación, etcétera), sino como *todos* los aspectos en cada una de Sus interminables manifestaciones. Es cuando experimentas Toda La Unidad En Un Instante.

Es en este Momento que puedes identificarte tanto con la "víctima" como con el "perpetrador", tanto con la persona que viste de blanco como con la que viste de oscuro, sabiendo que tú, tú mismo, has llevado ambos atuendos en una u otra ocasión, y que te amas y te perdonas a pesar de todo, porque sabes que la confusión no es un delito y que la villanía de cualquier tipo no es sino una forma de olvido.

> **Un Conocimiento del Alma:**
> Tu Alma posee una conciencia completa de la Realidad Última.

Ahora bien... ¿no has notado qué tan a menudo es que justo cuando tu Mente busca recuperar su Comprensión Total —cuando la necesidad de una respuesta a un dilema particular de la vida se hace más aguda—, la Respuesta Correcta y Perfecta surge a veces espontáneamente frente a ti, como parte de la vida misma, desde una fuente "aparentemente "separada"?

¿Pero y *si no existieran las Fuentes Separadas?* ¿Y si sólo hay Una Fuente, y esa Fuente está en ti? ¿Y si algunas veces se manifiesta *fuera* de ti, pero se *origina* en tu interior?

¿Puedes concebir tal cosa?

～

De acuerdo, hablemos entonces acerca de esta Sola Fuente que se encuentra dentro de todos nosotros.

En algunas conceptualizaciones —incluidos los mensajes de *Conversaciones con Dios* que conforman este texto— se le llama el Alma.

Conversaciones con Dios dice que tu Alma posee una Conciencia completa de la Realidad Última. Es decir, sabe de dónde viene, dónde está ahora, y adónde habrá de volver.

Es desde esta vasta Conciencia que tu Alma recupera la información y co-crea, con otras almas, las condiciones, situaciones y circunstancias que surgen ante ti justo de la manera correcta y en el momento preciso en tu vida. (Tal como lo hace ahora mismo.)

De hecho, esta es la *labor* del Alma. Este es el *propósito* y la *función* del Alma.

Mucha gente ha vivido toda su vida sin escuchar eso. Tal vez seas uno de ellos. Si es así, toda tu vida has escuchado acerca del alma, el Alma, el *Alma,* pero nadie pudo decirte nunca *por qué tenías una.* Mucha gente puede haberte dicho que *tenías* una, pero nadie te dijo *por qué* tenías una.

Ahora sabes por qué; recuerdas el propósito y la función de tu Alma. ¡Pero ten cuidado! Si no lo tienes, podría parecer como si este *libro* te lo hubiera dicho cuando de hecho *tu propia Alma* te lo acaba de decir.

~

¿Estás viendo cómo funciona todo esto? Tu Alma convocó esto, poniéndolo *ante* ti *desde* dentro de ti, aun cuando tu Mente insistirá en imaginar que viene de otra parte afuera de ti.

Tu Alma seguirá empleando toda clase de métodos y enfoques, aun aquellos que *evitan* tu Mente (de hecho, especialmente esos), para *incitarla* y así educarla acerca de cómo enfrentar los retos y superar los obstáculos de la Vida cotidiana.

También utilizará herramientas e instrumentos que parecen estar *separados* por completo de la Mente, tales como un libro que "pasó" que lo escogieras. De este modo le parecerá a la Mente que uno ha "encontrado la respuesta en otra parte".

Al comienzo de la búsqueda vital propia de una verdad más grande, cuando uno es un Buscador, esto a menudo hace la respuesta más aceptable, porque no mucha gente está lista en esta temprana etapa para adoptar la noción de que han tenido la respuesta todo el tiempo.

Tú, sin embargo, ya no estás al comienzo de la búsqueda. Difícilmente eres un Buscador de Etapa Inicial. Ahora eres un Alumno Dedicado, o no estarías leyendo esto. De modo que ahora estás bastante listo para entretenerte con la idea de que toda la Conciencia que necesitarás para resolver todos los problemas que alguna vez tengas está, y siempre ha estado, en tu interior, y que simplemente la *convocas* de cuando en cuando empleando una variedad de métodos e instrumentos, algunos de los cuales la han hecho *parecer* como si la Conciencia que buscas se encontrara fuera de ti.

Para los demás, que observan desde los márgenes de tu vida, bien podría parecer que así es. Sin duda a menudo le has dicho a tu familia y amigos: "¡Acabo de leer un libro magnífico!", o "¡Acabo de ver una película estupenda!", o "¡Acabo de escuchar una conferencia maravillosa!", y entonces, cuando ven algún cambio en ti, asumen de manera natural que el libro, la película o la conferencia es la fuente de tu nueva Conciencia.

Nada podría estar más lejos de la verdad.

Un desafío del autor al autor

Muy bien, ahora viene la parte compleja. Todo este libro ha sido una amplia exploración, pero ahora mismo serás invitado a emprender una de las más inusuales exploraciones de todas. Serás invitado a explorar no sólo la idea, sino la *experiencia* de que sólo hay Uno de nosotros, y por tanto, no existe separación entre tú y el autor de este libro.

El lado "racional" de tu lado "místico" (sí, los dos pueden existir simultáneamente) podría muy fácilmente haber aceptado la noción básica de este libro de que "recordar y experimentar todos estos conocimientos es por lo que has llegado a este momento", así como la idea de que "has convocado a esta sabiduría y este entendimiento", pero ahora, ¿exactamente *adónde* vamos...?

Se te acaba de recordar que Lo Que Uno Desea es Lo Único Que Importa... entonces, ¿adónde vamos ahora?

Vamos a un sitio de la Mente donde puedes conocer de manera experiencial el deseo más grande de uno: no estar separado de nadie ni de nada; el fin de la soledad por siempre.

∾

Mientras das el próximo valiente paso en tu autoexploración, queremos sugerirte que comiences con preguntas que se te pueden haber ocurrido antes:

"¿Cómo puedo afirmar haber convocado mi sabiduría al leer el libro de alguien más? ¿No es esto lo que siempre he hecho, buscar respuestas en alguien más?"

La respuesta que se ofrece aquí: Tal vez es lo que parece que has hecho en el pasado, pero no es lo que ahora tienes claro que estás haciendo. Esto es diferente. Ahora, en este momento, eres Consciente de que cuando de forma activa convocas la sabiduría desde adentro, "aparece" de cien maneras distintas a lo largo de miles de momentos:

La letra de la próxima canción que escuches en el radio.

El mensaje esparcido a lo largo del anuncio en la siguiente autopista por la que viajes. La frase azarosa en la siguiente conversación que escuches al pasar, o de un amigo al que "pasó" que te lo encontraras en la calle.

Y sí, incluso "tú", aparentemente hablando para ti mismo.

Lo que nos lleva atrás en este libro, y a las declaraciones con que comenzó el Capítulo 4. Puede "parecer" que la sabiduría de estas páginas viniera de algún otro lado, pero eres *tú* quien *la ha convocado.*

Recordarás que en el Capítulo 3 se dijo que puedes convocar sabiduría de dos maneras; una es reunirla de un lugar que parece estar afuera de ti. Eso es lo que aparentas estar haciendo ahora mismo. Una segunda manera es reunir información desde un lugar que está *dentro* de ti. Eso es lo que *en realidad* estás haciendo ahora mismo.

Parece que estás haciendo lo primero, pero en realidad estás haciendo lo segundo.

Ahora bien, mientras ahondas un poco más en la sabiduría que has atraído, podrías preguntarte: ¿es este un libro que "pasó" que me atrajera, y que "pasó" que ahora lo esté leyendo? ¿Creo de verdad que todo esto "pasó", o podría ser lo contrario: que todo está pasando?

¿Podría estar ocurriendo justo de la manera correcta, en el momento correcto, por la razón correcta, de manera perfecta?

Para llevar todo esto a un nuevo territorio, ¿podría ser que no sólo "encontraste" este libro tan fácilmente, sino que lo encontraste tan fácil de leer porque esto en realidad eres sólo *tú,* llamándote y hablándote a ti mismo?

Sólo por este momento, pretendamos que es así.

Sólo por un experimento, sólo por *el ejercicio mental de hacerlo...* finge que lo que estás sosteniendo en las manos es un libro escrito *para* ti *por* ti, convocado a través de lo que aparenta ser Otro... pero quien podría no ser "otro" en absoluto.

De nuevo, hay una razón para este experimento, y tiene que ver con aportarte una experiencia directa de Lo Único Que Importa. Entonces, ¿"juegas"? Empieza la diversión suponiendo que tú creaste y te entregaste todos los Conocimientos del Alma que has "recordado" aquí, usando simplemente un instrumento exterior para hacerlo.

~

"Bueno, si ese es el caso, entonces este libro bien podría estar escrito en primera persona, como si *no* hubiera sido escrito por alguien más", podrías decir. Y de hecho, podría ser así.

De modo que ahora estás invitado por la Vida Misma a imaginar en este momento que el autor de este libro eres tú; que estás *escribiéndote a ti mismo.*

Ahora te das cuenta de que se te dijo antes en términos muy claros que la Invitación de la Vida es a involucrarte en el proceso de explorar *contigo mismo* muchas cosas. Este momento en tu vida se trata por completo de volverte hacia adentro, mirando lo que ya conoces, pero que simplemente puedes no haber estado recordando.

¿De modo que por qué no crear un verdadero "cambio" ahora mismo? ¿Por qué no contemplar una noción de lo más inusual? ¿Por qué no cambiar la Voz Narrativa de este libro de tercera a primera persona?

¿Te atreves a poner este libro en tu propia voz; a leerlo como si de verdad *fuera* tu propio diario perdido?

24

Aceptar el desafío

En realidad, me agrada esta idea. Puedo imaginar con facilidad que este libro está siendo escrito *de* mí *para* mí, *por* mí *para* mí. Me agrada la idea de que el "yo" que Yo Soy es mucho más grande que la sola forma física que actualmente se llama a sí misma Yo.

He experimentado a menudo "hablar para mí mismo", o "pensar en voz alta", por lo que permitirme considerar que este libro es una *versión escrita de esa experiencia* es una transición sencilla.

Puedo imaginar que estos pensamientos y palabras simplemente están siendo transcritos para mí por la Parte de Mí a la que los demás se refieren con un nombre distinto y en la que piensan como el autor de este libro.

Para la gente que no entiende aquello con lo que me estoy permitiendo experimentar y vivir como experiencia ahora mismo, esto podría parecer un poco raro. Para ellos será absolutamente cierto que alguien más ha escrito este libro, y que yo simplemente estoy leyéndolo.

Si compartiera con ellos lo que estoy experimentando en este momento al cambiar de pronto mi punto de vista del de Lector al de Escritor —si les dijera que de verdad creo que es muy posible que yo sea cuando menos una Causa Colaborativa de esta escritura, y así, en ese sentido, que soy La Fuente de Ella—, sin duda dirían que he perdido contacto con la realidad.

Hay una cierta ironía en ello, porque se siente como si por fin *hiciera contacto* con la Realidad. Realidad con "R" mayúscula.

De nuevo.

Por fin.

~

Es cierto… *Sé* todo lo que encuentro aquí. *Sé* que ese "alguien más" que ha escrito este libro es sólo Otra Parte de Mí.

Sé que la Unidad de Toda la Humanidad (y del Universo entero, en realidad) es un concepto difícil de adoptar para mucha gente. Aún no están familiarizados con la "Teoría M", con la que los físicos de hoy están progresando para ofrecer, al fin, una Teoría del Todo, la cual proporcione evidencia matemática de la idea de que no vivimos en absoluto en un Universo sino en un Multiverso, formado por *un número infinito* de universos, todos creados y conectados por un solo fenómeno llamado La Membrana.

La gente no sabe que esto no son "tonterías del New Age", sino la nueva *ciencia* de hoy.

~

La idea de que soy Uno con el Autor, que el Autor es Uno conmigo y que todos en este planeta somos Uno Con Los Demás, parece bastante a-científica, yendo en contra de todo lo que nos han dicho nuestras culturas, nuestros clanes, nuestras familias, nuestras comunidades y nuestras religiones, y convocando lo opuesto de todo lo que vemos reflejado en nuestra política, nuestra economía, nuestras sociedades y, de hecho, todo nuestro mundo de arriba abajo.

Eso no lo hace menos verdadero.

La invitación que recibí de la Vida fue a "no juzgar por las apariencias", sino apegarme a la Verdad. Esta Verdad me permitirá ver a los demás, y *tratar* a los demás, como aspectos de mí mismo.

Sólo eso podría cambiar mi vida.

Aun si no hiciera otra cosa, ver y tratar a los demás como aspectos de mí mismo modificaría todo en mi experiencia.

~

Pero eso no basta. Ya no. Estoy cansado de conformarme con pequeños pasos o simples aforismos. Ahora es tiempo de hacer un profundo y honesto examen propio. Eso es parte de la razón por la que me acerqué a este libro; es parte del propósito de escribirme esto a mí mismo. Necesito hacerme algunas preguntas. Algunas preguntas importantes, incluso incisivas:

¿Se siente como si lo que hago estos días es lo que haría un ser evolucionado? Más allá del asunto de la *supervivencia,* más allá de "encargarse de los negocios" o esforzarse todo el día "haciendo lo que hay que hacer", ¿qué tanto de "en lo que ando" se siente como que realmente importa, y cuánto sólo como "cosas y tonterías", o en palabras de Shakespeare, *Mucho ruido y pocas nueces...?*

¿Son mis minutos satisfactorios? ¿Repiquetean de satisfacción mis horas? ¿Están mis días inundados de contento? ¿Rebosan de logros en la agenda de mi Alma los días y los meses?

¿Brillan mis años de esplendor espiritual y expresión y experiencia profunda y Divina? ¿O espero los días especiales —cumpleaños, aniversarios, fechas de celebración— con un vago sentimiento de lo rápido que pasa el tiempo y lo lento que he progresado en lo que he venido aquí a lograr, y lo difícil que es alcanzarlo?

Para el caso, ¿he tenido siempre claro que *hay* algo específico que vine aquí a lograr? Si es así, ¿he sabido exactamente qué es?

Creo que no debería sorprenderme o avergonzarme si no es así. Resulta que 98% de las personas del mundo no lo saben. Y no es su culpa. Y no es mi culpa si me encuentro incluso ahora, al menos de cuando en cuando, entre ellos. Porque nadie les dijo, y nadie *me* dijo, lo que realmente importa.

Oh, han tratado de decirnos. Algunas personas han tratado de convencernos. Y muchos, muchos de nosotros los escuchamos, porque saber algo de *cierto* —como las religiones y la política nos dejan creer que lo hacemos— se siente mejor que no saber.

Pero mientras más *escuchaba* más sabía que lo que los demás estaban "comprando" de lo que otros más *les* decían no podía ser cierto. Así que me aparté de todas sus agendas. Tal vez no sabía adónde *iba,* pero sabía de lo que quería *alejarme.*

El resultado es que paso menos tiempo estos días dentro de ese grupo. Y ahora mismo ni siquiera estoy en él... o nunca hubiera tenido este libro en mis manos. Es maravilloso no estar ya dentro de ese 98%, y que paso cada vez menos tiempo ahí, porque no hay nada peor que pasar la mayor parte de la vida en cosas que simplemente no importan.

No, espera, sí hay algo. Podría ser peor *no saber* lo que *importa.* Sería peor no saber que lo que estoy haciendo aquí es emprender un Viaje Sagrado, cumplir con un Propósito Divino.

~

Bueno, no tengo que preocuparme por eso. Ahora entiendo, y entiendo que he *entendido* lo que entiendo durante algún tiempo. Simplemente no estaba haciendo mucho al respecto.

Oh, hice algunos intentos. Leí algunas cosas, fui a algunos eventos, me hice a mí mismo algunas promesas. Pero, la verdad sea dicha, a ese puerco nunca le llegó su día. Fui un tanto "gallina" para abordarlo.

Un día el puerco y la gallina iban platicando por el camino cuando toparon con un enorme anuncio. Era una imagen de un plato de huevos con jamón. Sobre ella se leía: El Desayuno Favorito del Mundo.

La gallina se volvió hacia el puerco con una sonrisa enorme. "¡Mira eso!", dijo. "¿No te hace sentir orgulloso?".

"Es fácil para ti decirlo", respondió el puerco. "Tú te involucras sólo en parte. Para mí es un compromiso total."

∼

Creo que estoy listo para el compromiso total. Ya he tenido suficiente de menear la cabeza con desaliento y sentir tristeza en el corazón cada vez que veo las noticias en mi computadora o enciendo el televisor u ojeo el encabezado de un periódico.

Cada vez más el mundo en que vivo se siente como uno al que no pertenezco. Me siento extrañamente fuera de lugar, como si alguien me hubiera arrojado a un lugar del cosmos donde los habitantes actúan muy raro y no sé por qué hacen lo que hacen, porque todo parece tan *opuesto* a lo que haría un ser normal, amoroso, cariñoso e inteligente…

No lo soporto más, y estoy muy contento de haber llegado aquí —haberme traído aquí— porque quiero una explicación, antes de seguir adelante, de por qué las cosas son así, y qué puedo hacer para volver a lo que importa.

Así que he tomado mi decisión. Estoy a bordo. *Voy tras ello.*

¿Puede mi decisión experimentarse *totalmente* mientras estoy en mi forma humana física actual? No. No es posible. Una existencia física es demasiado limitada para albergar la Unidad Ilimitada. Entiendo eso. ¿*Tengo* que experimentar *totalmente* mi Verdadera Identidad para que mi vida tenga significado y sea satisfactoria? No. Entiendo eso también. Tengo claro ahora que alcanzar incluso porciones o aspectos de lo Divino (la Unidad es la suma de esos aspectos) es suficiente para que yo encuentre inmensa alegría y satisfacción.

Tengo claro también que apegarme a la Agenda del alma es el desafío adecuado que he estado preparando durante todos estos años para pasar ahora a la época extraordinaria que empieza.

Toda la Tierra pasa por estos importantes momentos conmigo incluso ahora, y quiero ayudar a *crear* dichos momentos, no sólo atestiguarlos. Recuerdo ahora que puedo hacer mejor eso al enfocarme mucho más en mi vida en Lo Único Que Importa.

¿Pero cómo puede *Lo Que Uno Desea* generar el bien para uno y para el mundo, y cómo es enfocarse claramente en *Lo Que Uno Desea* en los momentos prácticos y cotidianos de la Vida?

Esa es la siguiente gran pregunta. Y, al adentrarnos en ella, estoy seguro de poder obtener varias respuestas, atraídas *hacia* mí, *por* mí. Una manera podría ser que yo *continuara con este libro,* ¿pero como el Escritor, o como el Lector?

25

Una demostración
del libre albedrío

EL PROBLEMA ES que parezco entrar y salir del nivel de "conocimiento" que estoy experimentando ahora. Parezco "llegar allí", y entonces me encuentro "no allí", a veces en el preciso Momento siguiente… tal como se describe al final de la Parte Dos de este libro.

Ahora mismo estoy "allí" de nuevo. Entiendo lo que el libro quiere decir con que Todos Somos Uno y que, por tanto, lo que hago por mí lo hago por los demás, y lo que hago por los demás lo hago por mí. Y así, enfocarse en Lo Que Uno Desea no es "egoísta" en absoluto.

También entiendo lo que este texto me dice cuando declara que el escritor y el lector no están, al nivel de la Esencia, separados de ninguna manera, y que siempre puedo elegir si decido experimentar eso.

Y esto es algo más que sé: que la Ilusión de la Separación a veces le sirve a la humanidad. De hecho, si *no* le fuera útil a la especie, debo creer que la habríamos eliminado por completo hace mucho tiempo. La evolución misma sin duda habría producido ese resultado. Pero hemos mantenido esa Ilusión de la Separación en su sitio porque vemos que nos sirve de muchas maneras.

Ahora me parece que lo que nos sería más provechoso en esta etapa de nuestro desarrollo como especie en evolución sería apartarnos de la Ilusión de la Separación cuando nos sea útil hacerlo así (si con eso termina más pronto el sufrimiento global, por ejemplo, o se crea una mayor y más gozosa experiencia del Ser), y continuar *usando* la Ilusión cuando facilite nuestro crecimiento o comprensión. Como, por ejemplo, cuando la Ilusión hace posible que la Mente humana acepte, mucho más fácilmente, la verdadera sabiduría y el conocimiento profundo.

En mi propio caso, por ejemplo, encuentro que si mantengo la idea de que *estoy* escribiendo este libro (en oposición a verme simplemente leyendo las palabras de alguien más), las palabras parecerán tener menos peso de alguna manera. Les doy menos crédito o credibilidad.

Por razones que no me resultan del todo claras (pero probablemente tienen que ver con mi propia inmadurez espiritual y el rechazo consecuente a verme como mi propia "autoridad" espiritual), me siento mucho más "abierto" a grandes conocimientos acerca de la Vida cuando experimento que vienen de una Fuente Exterior a Mí.

Tengo la certeza de que esto no es igual para todos (no siento que Paramahansa Yogananda dudara demasiado de sí mismo en *Autobiografía de un yogui,* por ejemplo), pero como la persona que sostiene este libro ahora mismo, me resulta más fácil "escuchar" lo que tiene que decir cuando no imagino que estoy escribiendo este libro.

¿Y sabes qué? Me impactó el pensamiento de que *quizás es por esto que hemos puesto a Dios fuera de nosotros.*

Así que este "experimento del pensamiento" fue muy interesante, y me dio la experiencia directa de que tanto la Sabiduría que recibí aquí como la Sabiduría que reside en mi interior son Una y La Misma, pero como la experiencia continua de la Unidad no es obligatoria (como lo señala lo escrito aquí), estoy bastante preparado para volver al perfil del lector, apartándome de cualquier idea de que soy el autor, tan sólo de manera tal que al crear una mayor distancia entre el Pensador y el Pensamiento pueda adoptar más plenamente el Pensamiento.

Así que… en lo sucesivo regreso al perfil del Lector —aun si en verdad el Autor y yo *somos* Uno— como mi demostración última de Libre Albedrío al determinar cómo elijo experimentar la Vida.

26

Es momento de que la lucha termine

¡Bravo! ¡Excelente! Qué maravillosa —e inusual— experiencia, ¿cierto? No encontrarás que *eso* suceda muy a menudo en los libros. Nosotros (tú y yo) utilizamos este recurso poco convencional (si no es que *raro*) para demostrar gráfica y vívidamente cómo un sencillo cambio en tu punto de vista acerca de cualquier cosa puede modificar tu experiencia dramáticamente.

Cuando ves las cosas de manera diferente, cuando introduces la Conciencia del Alma mientras tu Mente encuentra la información que te aporta tu Cuerpo, toda tu perspectiva cambia. Y tu perspectiva, por supuesto, crea tu percepción. Y tu percepción crea tus creencias. Y tus creencias crean tus comportamientos. Y tus comportamientos generan tu experiencia.

¡Poner a la Conciencia de tu Alma a modificar dramáticamente tu experiencia es de lo que se trata este libro! Así que ahora veamos si podemos modificar tu experiencia en cuanto a la "lucha" y el "sufrimiento"…

～

Querido Ser:

No ha sido fácil este viaje en el que te encuentras. Ha demandado coraje y determinación, paciencia y comprensión, voluntad de seguir adelante contra todas las probabilidades, compromiso para buscar continuamente la luz aun mientras aumentan las tinieblas, buscar el bien cuando todo *excepto* el bien parece rodearte.

Ha exigido mucho de ti este viaje, y tú has dado lo que te ha exigido.

Dios te bendiga, *has dado lo que se te ha exigido.*

Ahora es tiempo de que tu lucha termine. Te lo mereces. Te lo has ganado.

Tu alma sabe esto, por supuesto, y está de acuerdo. Es por eso que terminaste atraído hasta estas palabras. Se te dará aquí una herramienta muy poderosa, tal vez la más poderosa jamás creada, para poner un fin a la lucha y el sufrimiento en tu vida.

Démosle una mirada, comenzando con un vistazo a la naturaleza y la causa de la lucha y el sufrimiento mismos.

~

Cuando has alcanzado uno de muchos momentos de Completud del Viaje Sagrado —lo que, como ahora ha sido explicado, puede ocurrir en cualquiera de los Momentos de una vida—, tu deseo inmediato será experimentar *más* de ellos, de forma aún más grande. Y así tu Alma comenzará todo el proceso de nuevo, aunque no desde el principio. Más bien, justo desde donde te encuentras.

> **Un Conocimiento del Alma:**
> La Completud del Viaje Sagrado puede ocurrir en cualquier Momento.

En cierto sentido, nacerás de nuevo, habiendo Completado tu Viaje Sagrado. Ahora emprenderás el Viaje otra vez, con un nuevo Destino, con la meta situada un poco más lejos.

Ahora podrías pensar que esto será una fuente de frustración, y puede haberlo sido en el pasado pero no lo será más, porque ahora sabes lo que sucede. (Es por eso que te has traído aquí, de hecho. Para terminar con la frustración. Es por eso que te has recordado a ti mismo Lo Único Que Importa.)

Cuando te vuelvas plenamente consciente, *nunca querrás que el proceso descrito aquí termine.* La dicha de evolucionar a niveles cada vez más altos de Divinidad se convertirá en la atracción máxima de la Vida, y una reacción natural. Es exactamente eso: una "reacción" —o, si lo prefieres, una re-acción— en el sentido de que *actúas de nuevo* como Quien Eres en Realidad. Es un reconocimiento —es decir, un re-*conocimiento,* o conocer de nuevo— de tu Verdadera Identidad. Es la atracción fundamental de la vida hacia Más Vida. Es la atracción de Dios hacia Dios Mismo. Es el Impulso de lo Divino, en Ti.

Esta es la "Ley de Atracción", no el poder para atraer carros, joyas y bicicletas.

~

El Viaje Sagrado tal como se expresa en términos físicos a veces recibe el nombre de Evolución. En términos metafísicos podría describirse como un proceso en el cual el destino propio es el embarcarse. El Final se vuelve el Principio en el Círculo de Dios.

Cuando el reloj marca la Medianoche, ¿qué sucede? ¿Ha terminado el día, o acaba de empezar uno nuevo? ¿Y cuándo, exactamente, ha pasado lo primero, y cuándo lo segundo? ¿O es posible que pasen ambas cosas al mismo tiempo?

Esta es la verdad acerca de la Senda del Alma. La senda parece ser un *círculo.* Pero no te experimentas "andando en círculos" como si no fueras "a ninguna parte". En cambio, experimentas a tu Ser recorriendo espirales ascendentes.

Piensa en un *gusano,* ese juguete infantil que para todo mundo es como un círculo unidimensional cuando los ves directamente desde arriba o abajo, pero que se revela como un elemento multidimensional continuo que se estira como una espiral que utiliza su propio impulso como energía.

Irónicamente, esta descripción de un juguete podría ser también la de la senda tomada por la Totalidad de Ti (TOY, por sus siglas en inglés: *Totality of You*). Esta es la verdadera *Toy Story.**

~

Ahora por favor sabe que el Universo entiende que mientras lees esto pasas a una nueva etapa en tu propio desarrollo personal, espiritual y emocional. Así que es importante en esta época vulnerable que no te veas desalentado. Esto se mencionó antes, y vale la pena repetirlo.

Se prometió que se te daría una herramienta para ayudarte a *evitar* el desaliento, una herramienta que eliminaría la lucha y el sufrimiento de tu vida. Pero primero necesitamos poner en contexto lo que aquí se dirá.

Reconozcamos que ha habido experiencias difíciles y tristes que mucha gente ha sufrido en sus vidas, y que muchos siguen enfrentando hoy, y que estos eventos y su impacto son muy reales. Lo escrito aquí no es para minimizar o marginalizar de ninguna manera esa realidad, ni los calvarios por los que pasa mucha gente.

Para el observador distraído los desafiantes acontecimientos en las vidas de millones pueden parecer como una forma cruel de cumplir con lo que aquí se ha llamado el "Propósito Divino".

¿Por qué *debería tener que sufrir la gente para demostrarse a sí mismos, a los demás o a Dios Quiénes Son en Realidad, o para proporcionar a Dios la experiencia de la Divinidad?*

Esa es una pregunta apropiada, obvia e importante. Demanda nuestra atención, como debería ser. Toda persona pensante debe recibir una respuesta satisfactoria a esa pregunta si los conceptos

---

* Juego de palabras intraducible (*N. de la t.*).

espirituales en este texto han de tener un mínimo de credibilidad, una pierna en la que sostenerse.

La respuesta a esta pregunta también fue parte de una narrativa previa, y también merece repetirse aquí:

La gente no tiene que sufrir para expresar y experimentar Quién Es en Realidad. Esta no es ni una exigencia ni una petición de Dios.

Esto no significa, sin embargo, que no habrá tristeza ni dolor en las vidas de las personas. Los habrá. Los hay, y los habrá. Pero hay una bendita razón para la tristeza y el dolor, y las lágrimas no son una señal de sufrimiento.

Las lágrimas se llevan consigo nuestras Ilusiones, trayéndonos al lugar tranquilo donde Reside la Realidad Divina.

∾

Lo que va a compartirse aquí ahora no se dice a la ligera. Sería un error suponer que conocimientos profundos como el ofrecido en el siguiente párrafo se presentan despreocupada o alegremente.

> **Un Conocimiento del Alma:**
> La tristeza, el dolor y el sufrimiento no son lo mismo.

Todo lo contrario. Se presentan con seriedad, y deben tomarse con seriedad. Se ofrecen desde un sitio de respeto pleno a lo que han sufrido, y desde un espacio de esperanza para ayudar a quienes aún sufren, para llevar su sufrimiento y su lucha a su fin.

Desde este sitio amable deseamos hacer notar que la tristeza, el dolor y el sufrimiento no son lo mismo.

Esto no quiere decir que debamos ignorar todo el sufrimiento, mirar más allá del tormento de alguien más, y actuar como si nada malo estuviera pasando en el mundo. Más bien al revés. Todas las circunstancias sobre nuestro planeta, todas las condiciones de la Vida son puestas *delante* de nosotros *por* nosotros mismos (recuerda siempre: actuamos *co-juntamente;* sólo hay Uno de nosotros) para que podamos decidir, expresar y experimentar quiénes somos en realidad en relación con ellas.

De ese modo aquellos que sufren, y aquellos que terminan con el sufrimiento de los demás, experimentan Quiénes Son Todos en Realidad. Y Esto es exactamente lo que está pasando en la Tierra. Todo lo que sucede, ocurre perfectamente para que todos puedan despertar.

Muchas Almas eligen ser instrumentos de nuestro despertar, y así soportan enormes desafíos, muchos incluso mueren, para que todos nosotros podamos despertar en nuestro interior las cualidades Divinas de la compasión, el cuidado, el perdón, la comprensión, la paciencia, el amor y, ante todo, la Unidad y la Singularidad de la Vida.

Siendo testigos de esto, todos nosotros experimentamos por supuesto profunda tristeza. En el nivel más profundo, estamos tristes de que *esto sea lo que implica* que despertemos.

≈

La tristeza es la evidencia emocional de tu profunda humanidad. Si no amaras, si no te importara, si no sintieras compasión profunda, muy pocas cosas te producirían tristeza de verdad. La tristeza es una medalla de honor. Llévala con orgullo. Te la has ganado con las heridas de tu corazón.

El dolor es una respuesta psicológica o fisiológica a los estímulos externos. El hecho de que lo experimentes es prueba de la generosidad de tu Alma al enfrentar la condición humana. Cuando lo soportas con coraje y con fuerza, demuestras la nobleza de tu Viaje Sagrado.

El sufrimiento es la *respuesta* de la Mente a la tristeza o el dolor. Si sufres mientras experimentas tristeza o dolor, claramente has tomado la decisión de que *no deberías estar experimentándolos ahora*. Es esta decisión, no la tristeza o el dolor mismos, la causa de tu sufrimiento.

La tristeza y el dolor físico o emocional es lo que surge. El sufrimiento es tu anuncio de que tal vez no entiendes plenamente *por qué* surge, y cómo entra en la Agenda del Alma.

> **Un Conocimiento del Alma:**
> Se ha encontrado una manera de continuar con el Viaje Sagrado, y de terminar con la lucha y el sufrimiento.

Cuando entiendes por completo y con exactitud lo que está teniendo lugar en tu vida, así como el Proceso Mismo de la Vida, tu sufrimiento termina aun si el dolor continúa. *Nada cambia, pero todo es diferente.*

La diferencia más grande es que ya no te sientes como la víctima en cualquier situación de la vida. Y con el fin de la victimización viene el fin de la lucha y el sufrimiento.

Vendrán tiempos incluso en la experiencia de muchos cuando la lucha y el dolor de uno en realidad serán *celebrados* (lo creas o no), aun cuando estén siendo experimentados, cambiando su propia definición del sufrimiento a la alegría.

Cualquiera que haya sufrido la extracción de un diente adolorido y soportado las interminables manipulaciones del dentista y la incómoda inyección de novocaína sabe exactamente de qué se trata todo esto.

Más profundamente, cualquiera que haya experimentado el dolor de la muerte de un ser amado, sabiendo todo el tiempo que la siguiente experiencia de esa persona sería la reunión gloriosamente feliz con todo los que alguna vez quiso y con la Divinidad Misma, sabe exactamente de qué se trata todo esto.

Y toda mujer que haya dado a luz un hijo largamente esperado y querido sabe exactamente en qué consiste un dolor que se vuelve alegría, aun mientras se experimenta ese dolor.

Es cuando haces este cambio con respecto a *todo en tu vida* que pasas del sufrimiento a la alegría en las expresiones y experiencias de tu vida. A partir de entonces, *nada* puede tocarte de tal manera que te cause sufrimiento miserable, aun cuando *no* seas inmune a la tristeza o el dolor.

～

La pregunta entonces es: ¿cómo haces este cambio con respecto a todo en tu vida? ¿Cómo puedes transformar el sufrimiento en alegría, y la lucha en paz?

Los místicos y los maestros a lo largo de los siglos nos han asegurado que podemos hacerlo. Se *ha* encontrado una manera de continuar con el Viaje Sagrado, y de terminar con la lucha y el sufrimiento.

La vida nos ha dado una herramienta notablemente poderosa que hace esto posible. Pero ahora, una advertencia: cuando oigas de ella, puede parecer simplista y sobrevalorada.

No te dejes engañar.

Puede cambiarlo todo.

¿Cuál es esa herramienta?

La Gratitud.

27

Un enorme poder ha sido puesto en tus manos

Ahora tienes una pieza perdida del rompecabezas. Ahora tienes una herramienta transformadora. (Se te darán otras aquí, además.) Es un instrumento con inmenso poder, un instrumento sencillo que puede transformar casi cualquier momento, casi milagrosamente, casi de inmediato.

Pero no nos adelantemos. Entendamos exactamente cuál es esta herramienta.

La Gratitud no es sólo una emoción, es una decisión.

Tan poderosa es esta decisión que se ha vuelto una definición y una declaración. Define y declara tu experiencia del Aquí y el Ahora. Y por tanto, tu realidad.

La Gratitud puede ser una simple reacción, o puede ser una magnífica creación. Es una simple reacción cuando tu Mente está en Automático. Es una magnífica creación cuando tu Mente se ha fundido con tu Alma al hacer una elección combinada acerca de cualquier Momento Presente.

A cada momento esa elección es siempre la misma: pasar a la Reacción o a la Creación.

(Podrías encontrar un tanto divertido que "reacción" y "creación" están muy cerca de ser la misma palabra. Sólo necesitas cambiar de lugar una C y una R. Cuando Contemplas lo que siempre ha estado allí para ser Contemplado, entonces eRes lo que siempre eRes, y el curso de tu vida se invierte.)*

---

* Juego de palabras intraducible (*N. de la t.*).

~

Aunque la Gratitud puede ser una de las más poderosas herramientas que tu Mente haya recibido jamás, puede ser también la menos utilizada. Esto es sin duda porque la mayoría de la gente no está consciente del inmenso poder de la Gratitud para revertir un pensamiento que es la base de todo el sufrimiento.

Como se señaló antes, la causa central del sufrimiento es la idea de que *algo sucede que no debería estar sucediendo*. La Gratitud libera una energía que pone esta idea de cabeza, anunciando que sólo porque algo es incómodo no significa que es indeseado, inoportuno o inesperado.

Ya hemos demostrado que el dolor (tanto físico como emocional) puede, de *hecho*, ser esperado, bienvenido y deseado, por cualquiera de varias razones. Pero si la Mente *cree* que un dolor particular es "indeseado", no lo soportará, y eso es precisamente lo que crea lucha en la vida, y sufrimiento.

> **Un Conocimiento del Alma:**
> La Gratitud no es una herramienta con la que puedas engañar a la Mente; es una herramienta con la cual abrir la Mente.

La lucha es el resultado del rechazo de la Mente a lo que el Alma ofrece. Es la decisión de la mente de ir en otra dirección, desviándose de la Senda del Alma. El sufrimiento es el producto emocional de esa decisión. Tanto la lucha como el sufrimiento son creaciones de la Mente, que es donde se crea tu realidad.

Lo que tu Mente *cree* acerca de algo es crucial para determinar cómo lo experimentas, y la Gratitud puede hacer cambiar a tu Mente.

Pero la Gratitud no es una herramienta con la que puedas engañar a la Mente, es una herramienta con la cual abrir la Mente. Expande tu pensamiento normal y limitado para incluir una verdad aparentemente ilógica: que aun cuando algo parece "malo" para ti, en realidad puede ser bueno.

～

Debajo de esta verdad hay otra más profunda: nada que ocurra *jamás* es "malo" para ti, o no estaría ocurriendo. La vida es incapaz de generar un evento o condición que no te lleve al siguiente punto en tu evolución, y que no esté designado para tu siguiente expresión de la Divinidad. Como la razón de que estés aquí es la expresión de la Divinidad, puedes estar seguro de que todo lo que se ponga delante de ti aparecerá para contribuir a este Propósito Divino. (En otras palabras, *tu* propósito.)

Y así decimos "Gracias, Dios". Damos gracias por la oportunidad de sanar una vieja lesión, cerrar una vieja herida, cambiar una antigua pauta, cambiar una antigua realidad, dejar ir una vieja historia, cambiar una vieja idea, y crear una nueva experiencia del Ser y de la Vida.

～

De acuerdo. Eso es decir mucho. Y ahora podrías preguntar, "¿Cómo es posible todo esto? ¿Cómo puede ocurrir toda esa sanación y cambio?".

Para ver esto con claridad debes observar, con Gratitud, el regalo más maravilloso de la Vida:

LA REPETICIÓN CONFIABLE

Para explicarlo: puedes confiar en que la Vida será repetitiva. Muy pocos eventos o situaciones que surjan en tu vida serán ya lo suficientemente sorpresivos para ti. No en el sentido de que nunca hayas experimentado nada parecido antes. En realidad, entonces, puedes anticipar cómo vas a reaccionar, y rechazar tus decisiones previas acerca de dichos eventos o situaciones si lo deseas.

Y *ese* es el gran secreto de la Vida. El mayor secreto no es la Ley de Atracción, sino la *Ley de Retracción*.

Esta es una herramienta usada para *retractarse* de antiguas decisiones y hacer nuevas, al instante. *Esto es de lo que se trata la verdadera creación.*

Cuando atestiguas tus respuestas a los acontecimientos de la Vida y de inmediato te *retractas* de lo que decidiste *en el pasado* acerca de sucesos similares, te otorgas un poder casi inimaginable, incluido el poder para terminar con la lucha para siempre.

Buda demostró esto precisamente, y enseñó acerca de ello.

∾

Es la Gratitud la que te da ese poder. La Gratitud te da un Nuevo Comienzo. Es como nacer de nuevo, y tener la Mente reajustada a cero. (Hablaremos sobre esto en un momento.) Borra de la pizarra todos los juicios negativos previos que hayas tenido acerca de cualquier persona, acontecimiento, circunstancia o situación.

Aun a riesgo de incurrir un tanto en la Repetición, repasemos de un ángulo ligeramente distinto cómo funciona todo el Proceso de la Vida, de manera que puedas ver todo esto aún más claramente:

Dentro de un periodo asombrosamente corto de tiempo después de tu nacimiento, entraste en contacto con una cantidad monumental de información acerca de tu mundo exterior, y luego la analizaste, acomodaste y almacenaste. Hiciste esto de manera tan eficiente que después de unos cuantos años en este planeta, se te volvió casi imposible encontrar nuevas experiencias. Nuevos *eventos*, sí. Nuevas *experiencias,* no.

Esto es por diseño.

No se *supone* que encuentres nuevas experiencias. Se supone que encuentres *las mismas experiencias una y otra vez.*

Las experiencias que encuentras repetidamente están dentro de ti, no fuera de ti. *Toda* experiencia es interior. Son los *eventos* los que son externos. Pero los eventos no tienen que ver con tu experiencia. La prueba de esto es el hecho de que dos personas pueden tener experiencias marcadamente *distintas* del *mismo evento preciso.*

Así vemos que puedes encontrar cualquier número de *eventos* exteriores nuevos, pero no tener virtualmente ninguna *experiencia* de verdad nueva. Y mientras te haces más viejo, esto te resulta cada vez más obvio. De hecho, esta verdad se hará evidente de manera exponencial con el paso de los años.

Tú *ya* has experimentado esto.

Tú ya has experimentado el amor, y sin duda lo experimentarás de nuevo. Ya has experimentado la animosidad, y sin duda la experimentarás de nuevo. Ya has experimentado el compromiso, y sin duda lo experimentarás de nuevo. Ya has experimentado la traición, y sin duda la experimentarás de nuevo.

> **Un Conocimiento del Alma:**
> Toda experiencia es interior. Son los eventos los que son externos.

Ya has experimentado la decepción y la emoción, la agonía y el éxtasis, la frustración y la euforia, la exasperación y la exaltación, la ira y la alegría, la agitación y la paz, la pérdida y el logro, el miedo y la valentía, la cobardía y el coraje, la ignorancia y la sabiduría, la dicha y el aburrimiento, la confusión y la claridad, y prácticamente cualquier otra polaridad emocional que uno pueda describir o imaginar.

La razón para decir que toda experiencia es interior es que *la emoción es el soporte* de tu experiencia, y todas las emociones se crean dentro. Los acontecimientos son simplemente ocurrencias físicas externas. Lo que crea tu experiencia *acerca* de un evento particular es la emoción que guardas sobre él. Y no hay nuevas emociones que puedas experimentar en esta etapa de la vida. Hay un interminable número de eventos únicos que la Vida te puede hacer y hará presentes físicamente, pero la emoción generada por el evento, y la experiencia interior que esa emoción genera, *será una que ya encontraste antes*. En la mayoría de los casos, muchas veces antes.

~

La Mente recuerda sus experiencias. Cada una de ellas.
Todas.
Y.
Cada.
Una.
De.
Ellas.
Y ahora veremos la razón para esto.

Tu Mente ha sido *diseñada* para guardar en la memoria literalmente millones de experiencias para que puedas notar que estás encontrando condiciones y eventos en tu mundo exterior que son los mismos o casi los mismos *en su contenido emocional* a los que has encontrado antes.

Advertir esto, a cambio, tiene la intención de ofrecerte repetidas oportunidades —literalmente *millones* de oportunidades— para responder de manera distinta a las condiciones y eventos (tanto pasados como presentes) que elijas, y por tanto *recreándote por completo* en la siguiente versión mayor de la visión más grande que hayas tenido acerca de Quien Eres.

Vemos entonces que una sola Vida te ofrece en miniatura lo que la reencarnación te ofrece en "maximatura": incontables oportunidades de evolucionar.

Este es el Proceso de la Vida en todas sus formas.

Los científicos nos dicen que incluso el Universo está en evolución. ¿Te imaginas que tú no?

28

Agrandar el reto, *voluntariamente*

Lo que acaba de decirse es que, justo cuando has dado lo que se te pidió —justo cuando has alcanzado la Completud al expresar la Divinidad plenamente en un solo momento, se recorre la Línea de Meta.

¿Es esto una buena noticia? ¿Esto te hace saltar de la cama en la mañana, con una sonrisa en la cara, una melodía en el corazón, diciendo que no puedes esperar a comenzar el día?

Bueno, en realidad sí.

Cuando tienes claro por qué estás aquí, adónde vas y cómo este proceso llamado "evolución" *funciona*... entonces, en realidad, sí, *es* una buena noticia. Porque recuerdas cuán increíblemente... *increíble*... te sientes cuando alcanzas ese punto de Completud en las etapas previas de tu crecimiento.

Recuerdas la calidez, la dicha, la maravilla y la excitación, el callado júbilo y la agradable satisfacción interna que te inundaron en el momento en que expresaste, plenamente, el amor, la comprensión, la sabiduría y la claridad, la compasión y el cuidado, y cada uno de los demás aspectos de la Divinidad (uno a la vez, o todos) puestos por ti en la vida de alguien más y todos aquellos cuyas vidas tocas, al más alto nivel.

Recuerdas esa sensación, y *que esa es una sensación que quieres de nuevo.* Esa es *una experiencia que deseas repetir.*

Ese es el Sentido de Tu Ser que *has sabido siempre que eres Tú.* Es Quien Eres y Cómo Eres cuando eres a tu máximo, y quieres *más* de eso.

La respuesta de la vida a tu deseo de más de eso es la gloria, la maravilla y la alegría de la Repetición Confiable.

~

Repetir una experiencia una y otra vez *de la misma manera* no es lo que se quiere decir con la palabra "más" en este contexto. No quieres simplemente "más de lo mismo", quieres un *mayor grado* de lo que experimentaste antes.

Piensa en ello de esta manera: cuando eras pequeño, los juegos infantiles en el parque sin duda eran divertidos, y la montaña rusa para niños te producía una variedad de emociones, hasta que dejó de hacerlo. Más tarde o más temprano, quisiste probar la montaña rusa de los adultos.

E imagina esto: te subiste *voluntariamente*.

Observaste a los otros gritar mientras estaban arriba. Sentiste nerviosismo en el estómago al acercarte a la taquilla. Pero compraste tu boleto de cualquier modo, y *te subiste voluntariamente*.

~

Esa es una analogía, pero no está muy lejos de lo que ocurre en tu vida. Pues *la naturaleza de la Vida es buscar más y más grandes expresiones y experiencias de Sí Misma.*

Con todo, de verdad es tiempo de que la lucha termine. Un reto emocionante es una cosa; luchar es otra.

Ya basta. Y así, se ha encontrado una manera de continuar el viaje, pero también de terminar con la lucha. Se te han dado herramientas. Una de ellas es La Ley de Retracción, impulsada por la Gratitud.

Utilizar estas herramientas te lleva a la siguiente etapa en tu Viaje Sagrado. Es el siguiente paso hacia el dominio. El dominio es cuando los retos se hacen más grandes, pero la lucha desaparece.

Si has estado sufriendo, no es porque hayas estado siguiendo La Senda del Alma. Es porque has tomado una desviación por una ruta que te llevó lejos de La Senda, y olvidaste recordar quién eres en realidad, por qué estás aquí y dónde tenías intención de ir.

La Senda del Alma no exige ni incluye el sufrimiento. La manera de acabar con la lucha es *permanecer en La Senda*. La Gratitud te devuelve allí. Te acelera en tu evolución. Es la ruta rápida.

~

No tienes que expandirte o crecer o evolucionar a ningún ritmo particular, sin embargo. Puedes ir a lo largo de una vida entera reaccionando de la misma manera a la misma clase de eventos. Mucha gente lo hace. *La mayoría* de la gente lo hace. Sólo aquellos que están profundamente comprometidos con crecer, con su propia evolución personal y espiritual, invertirían tiempo y energía en elegir y cambiar sus emociones —pasando de la ira y la frustración a la Gratitud, por ejemplo— para generar nuevas y mayores experiencias para sí mismos.

Esto exige una promesa de muy alto nivel con uno mismo. Conlleva un reconocimiento de que hay algo más Grande ocurriendo aquí, algo más que sólo la vida cotidiana, desarrollándose azarosamente. Implica que hay un Proceso Particular teniendo lugar de una Manera Particular. Un proceso sagrado. Un proceso eterno. Un proceso que sirve a un Propósito Divino, todo lo cual se describe con detalle en el Capítulo 14.

Tu compromiso con este Proceso y este Propósito es tu propia exclamación, tu propia declaración en voz alta al mundo: "¡Mi vida en verdad *es* algo más que sólo conseguir al chico, conseguir a la chica, el auto, el trabajo, la casa y todas las cosas que todo mundo está tratando de conseguir! *No* emplearé mi tiempo en el 98% de las cosas que *simplemente no importan*. No... lo... haré".

Un Conocimiento del Alma:
El dominio es cuando los retos se hacen más grandes, pero la lucha desaparece.

29

¿Pueden elegirse las emociones?

Si la Gratitud es una herramienta poderosa que puede cambiar tu experiencia de la vida al permitirte enfocarte en Lo Único Que Importa, la pregunta entonces es: ¿qué podría hacerte decidir sentir Gratitud frente a eventos o condiciones que por lo común invitarían a condenarlos, no a elogiarlos? ¿Cómo poner a trabajar ese poder?

Mientras exploramos esta pregunta, estás invitado a advertir las palabras específicas empleadas en la pregunta: ¿qué podría hacerte *decidir sentir* Gratitud…?

¿Decidir? ¿Las emociones son cosas que decidimos sentir?

Sí.

∽

Las emociones no son lo que tus experiencias generan; son lo que genera tus experiencias.

La mayoría de la gente no entiende esto. Ni se ven a sí mismos teniendo un papel activo en la elección de sus emociones. No al principio, en todo caso. Pueden sentir que *controlan* sus emociones al elegir algo *distinto* a la emoción que surgió inicialmente, pero la mayoría de la gente no siente que está creando su primera respuesta. Al principio, dicen, sus emociones simplemente surgen. *Aparecen*. Sin anuncio. Inesperadas. Imprevistas, a veces.

La gente piensa en sí misma como que *tiene* una respuesta emocional. A menudo dicen que sólo se vieron *superados* por la emoción.

La verdad es que todas las emociones se eligen, incluso las primeras. La Mente *decide* sentir de cierta manera. Las emociones son un Acto de Voluntad.

Esta es una verdad desafiante de adoptar. Acepta esto y de pronto eres responsable de todo: de cómo te sientes, cómo actúas con los demás como resultado de cómo te sientes, y de cómo experimentas todos los eventos en tu vida. De modo que cuando la gente escucha esto, con frecuencia buscan una "salida".

(Debe haber *alguna* manera de que yo no sea responsable de cómo me siento. Quiero decir, puedo ver que soy responsable de lo que *hago* con mis sentimientos, ¿pero de mis propios sentimientos? ¡Vamos! No puedo ser responsable de *eso*. Siento del modo que *siento,* y esa es *sólo mi verdad.* ¿Se supone que *mienta* acerca de eso? ¿Tengo que ser *inauténtico?*")

¿Te has dicho alguna vez (o vendido alguna vez) alguna versión de eso? La mayoría de la gente sí. Pero la raza humana nunca podrá evolucionar hasta que vea el papel que todos jugamos en la creación de nuestras emociones. La historia que nos hemos estado contando acerca de las emociones es nuestra admisión de que no tenemos idea acerca de cómo funciona la Mente en realidad.

Esta historia, también, puede terminar aquí mismo.

~

Las emociones se eligen. Se seleccionan de la misma manera que las ropas que quieres vestir. Las emociones son los disfraces de la Mente. La Mente decide *sentirse* de cierta forma.

Hay que admitir esto: tu Mente toma sus decisiones *tan rápido* que puede *parecer* que no tienes control sobre tus emociones en absoluto. Cuando menos no tus primerísimas reacciones.

Tu Mente te mueve muy rápido hasta una emoción, basada en un Pensamiento que ha formado. Esto es lo que se quiere decir cuando la gente afirma, "Me conmoví bastante". De hecho, así fue.

El Pensamiento es *energía,* y el trabajo de tu Mente es *poner esa energía en movimiento* (E+moción).

Como esto ocurre a la *velocidad del rayo,* se vuelve crucial saber, *con anticipación,* antes de vernos confrontados con una "situación emocional", *lo que nos hace elegir una emoción en lugar de otra.*

Ya has aprendido que eso es tu Pensamiento. ¿Pero qué *genera* el Pensamiento que crea una Emoción? ¿De dónde *viene* cualquier Pensamiento específico?

Si puedes dilucidar *eso* habrás avanzado mucho para poder llegar a ser capaz de *cambiar* tu Pensamiento acerca de algo. Y si puedes cambiar tu Pensamiento acerca de algo, puedes crear una Emoción distinta en cuanto a ello, lo que producirá una Experiencia diferente al respecto.

∼

De modo que así es como funciona: en el momento en que tu Mente encuentra algo en tu mundo exterior, utilizando el instrumento sensible que es tu Cuerpo, reúne la Información que está recibiendo y busca en su memoria cualquier dato correlacionado. Comparará entonces lo que sucede Ahora con lo que su memoria guarda acerca de cualquier acontecimiento similar previo, y utiliza esta Información combinada para formar tu Verdad presente acerca del acontecimiento que ahora ocurre en tu mundo exterior.

> **Un Conocimiento del Alma:**
> Todas las emociones se eligen. Son un Acto de Voluntad.

Tu Verdad al respecto provendrá en su mayor parte de tu *pasado,* y en menor medida de lo que está *sucediendo en realidad ahora mismo.* Esto se debe a que lo que está sucediendo ahora es sólo una cantidad mínima de información comparada con los *megabytes* que tu Mente guarda de eventos similares previos. El "Ahora" se ve abrumado por el "Entonces". El Hoy queda profundamente atrapado por el Ayer.

La Verdad que tu Mente forma de esta manera crea tu Pensamiento acerca de lo que ahora ocurre. Esta puede ser tanto una Verdad Imaginada, la Verdad Aparente, o la Verdad Auténtica, según la calidad de la información a la que la Mente haya accedido.

Tu Pensamiento generará rápidamente una Emoción, y esa Emoción generará muy pronto tu Experiencia. Todo esto, de hecho, sucede en una millonésima de segundo. Llamas entonces a la Experiencia a la que llegaste de esta manera "Realidad".

Es *mediante este proceso* que "creas tu propia realidad".

Ahora sólo piensa: si cambiaras la Información de tu Mente *por anticipado* en cuanto a *todo tu pasado* (utilizando la Ley de Retracción), podrías ascender hasta un nuevo nivel de preparación para experimentar el dominio *en este Momento,* porque ya sea que tu Mente esté atrapada en recuerdos del pasado, o que tú estés profundamente involucrado en un Momento Presente desafiante y desees cambiar tu Mente *en este instante* respecto a él utilizando la misma herramienta, en cada caso encontrarás Gratitud. Y *eso es transformador.*

≈

Lo que ha sido llamado el Movimiento del Nuevo Pensamiento ha dicho por años que "Tú creas tu propia realidad", pero tristemente no ha explicado de forma bastante clara cómo lo haces.

La Creación de Realidad va más allá del simple "pensamiento positivo" o de hacer "afirmaciones", enfoques que han sido promocionados como el "secreto" para generar lo que uno desea.

Esas son niñerías. Es el patio de juegos de la metafísica. Y así, por supuesto, en las películas y libros sobre el gran "secreto" de la Vida estos enfoques simplistas aparecen manifestando simples juguetes.

Si de verdad quieres saber cómo crear tu Experiencia Más Elevada del Ser (y no sólo poner un auto nuevo en la entrada), si realmente deseas crear un mundo mejor (y no sólo un mejor collar para tu cuello), te beneficiarás enormemente de entender la Mecánica de la Mente como se esbozó antes en pocas palabras.

(Encontrarás una explicación rica, maravillosamente clara y mucho más detallada de esto en el libro *El cambio está en ti,* de Editorial Aguilar.)

~

Con toda la velocidad con que funciona la Mente, aún lo hace sólo con la Información con la que trabaja. Los programadores de computadoras están muy familiarizados con este concepto: GIGO.

Garbage in/garbage out. Basura entra, basura sale.

De modo que si has puesto "basura" *en* tu Mente (acerca de la Vida, de Dios, de cualquier experiencia específica que hayas almacenado en tu memoria virtualmente inagotable), basura será lo que *saldrá* de tu Mente acerca de cualquier cosa en el Momento Presente que incluso se *parezca* a una experiencia previa (y todas ellas lo hacen, de una manera u otra). Pero si pones dentro Gratitud, Gratitud es lo que saldrá.

¡Las letras siguen siendo las mismas, GIGO!

Lo que estamos diciendo aquí es que si *vives mostrando Gratitud* por *todos* los eventos, entonces surgirá la Gratitud por cada uno de los eventos del Momento Presente, *independientemente del evento mismo.*

~

El empleo de la Gratitud como herramienta es lo que separa al Maestro (quien siempre recurre a ella) del Alumno Dedicado (quien lo hace de manera ocasional), y al Alumno Dedicado del Iniciado (que ni siquiera ha oído de ella en este contexto, o que ha oído de ella, pero la usa muy raramente, si acaso).

El Maestro entiende que cada evento de la Vida es parte de un Campo Contextual (se explica aquí, en el Capítulo 14) que crea un espacio para expresar dentro de él la siguiente versión mayor de la visión más grande que el Maestro haya tenido acerca de quien es, y elige serlo.

El Maestro por tanto dice sí y sólo sí a cada experiencia. Y lo dice alegremente, agradecido, pues sabe que ha llegado un glorioso momento que es perfecto para la gloriosa expresión y experiencia de la Gloria Misma, llamada Divinidad.

¿Cómo puede el Maestro no estar sino agradecido por ello? Y cuando sabe que todo lo que ocurre ha sido co-creado por muchas Almas, trabajando en colaboración y acuerdo con la propia Alma del Maestro para generar la circunstancia o condición que actualmente se presenta, ¿cómo podría quejarse? ¿Con qué podría no estar de acuerdo?

30

Saber acerca de la herramienta y utilizarla son dos cosas distintas

POR FAVOR NO TE CONFORMES simplemente con saber acerca de esta maravillosa herramienta transformativa llamada Gratitud. Comprométete a *usar tú mismo esta herramienta*. Verás cómo la energía que puedas estar cargando acerca de cualquier evento indeseado, pasado o presente, puede transformarse en un abrir y cerrar de ojos.

Simplemente di *Gracias, Dios* en el momento en que cualquier evento "negativo" ocurra hoy o se presente en tu memoria. Decide entonces de inmediato *qué* quieres agradecer a Dios.

Di "gracias, Dios, por darme esta oportunidad —sí, una oportunidad *más*— para sanar mi pensamiento de que…", o "… para cambiar mi antigua historia acerca de…", o "…para dejar ir mis temores de que…", o *comoquiera* que desees usar esta Repetición Confiable de una Emoción Recurrente.

Decide entonces y allí mismo Quién Eres y Quién Eliges Ser en relación al evento o la circunstancia que surge en ese momento.

Estos son algunos ejemplos adicionales de cómo podrías desear utilizar la herramienta de la Gratitud para permitirte enfocar tu vida diaria con más claridad y en consistencia con Lo Único Que Importa.

LA ORACIÓN DE LA MAÑANA

Vuelve un hábito decir para ti mismo cada mañana al despertar:

Gracias, Dios, por un día más y otra oportunidad
de ser mi Ser Más Elevado.

Haz esto *antes que nada,* antes de pensar o hacer algo más. Después de una semana o así se volverá tu segunda naturaleza. Decir esto al levantarte es una maravillosa manera de plantar la semilla en tu Mente, como Primer Pensamiento, de que la Vida es algo por lo que estar agradecido *precisamente por la oportunidad que te da* de pasar a la siguiente expresión mayor de tu Idea Más Elevada acerca de Ti.

Le dice a tu Mente que sabes de qué se tratan los eventos del día aun antes de que ocurran, y este conocimiento te permite estar agradecido por lo que vendrá *por adelantado.*

Un anuncio semejante hace más que simplemente ponerte en un buen estado de ánimo. Si crees que tu Pensamiento acerca de la Vida tiene cuando menos algún efecto en cómo esta se desarrolla, sin duda debes ver que comenzar cada día con tan notable declaración de fe en el Proceso Mismo de la Vida se vuelve *formativo* en cuanto al Proceso Mismo de la Vida.

Se ha dicho que la Vida informa a la Vida acerca de la Vida por medio del Proceso Mismo de la Vida. Si esto es cierto (y lo es), estás haciendo más con esta pequeña plegaria matutina que con decir lo que esperas. Estás declarando que eliges co-crear. Tal declaración no es vacía ni falta de sentido.

∽

LA ORACIÓN DE SOLUCIÓN

Si tu día te presenta una experiencia o circunstancia que consideras problemática, y te encuentras poniendo más que un poco de atención mental a ello, prueba a decir esto:

*Gracias, Dios, por ayudarme a comprender que este problema
ya ha sido resuelto para mí.*

Esta es una de las plegarias más poderosas que podrías emplear, porque *supone el resultado*. No es una exigencia ni una súplica, sino una pura y simple declaración de conciencia confiada en Lo Que Es Así.

Hacer una oración de súplica declara tu falta de confianza en cuanto a los resultados. No es necesario pedir algo que ya tienes. Por tanto, si pides algo, estás cuando mucho anunciando que puedes conseguirlo o no.

Dar las gracias por algo antes de conseguirlo es una declaración de absoluta claridad de que vas a recibirlo. Este cambio de energías no es vacío ni falto de sentido.

～

LA ORACIÓN DE PERFECCIÓN

Ante cualquier cosa que aparezca en tu Vida, permítete "ver la Perfección". Expresa tu sincera gratitud con esto:

*Gracias, Dios, por la Perfección de este resultado,
de este momento, y de mi Vida.*

Trata de permanecer en ese estado de Gratitud hasta que se vuelva "realmente Real", no sólo "supuestamente Real". Esto es para convocar un sentimiento.

La gente a veces dice en oración cosas que desearía que fueran reales, pero en la que no cree de verdad. Está bien. Es perfectamente normal. Pero una declaración de lo que eliges que sea real puede *volverse* real por medio del sencillo acto de que lo elijas, y sigas eligiéndolo.

Ahora bien, este es un pequeño truco. Después de que lo elijas, permítete sentirlo. Cierra los ojos, abre tu Mente y deja que la sensación de perfección relativa al momento y a tu vida entera permee todo tu Cuerpo. Respira lenta y profundamente —buenas respiraciones, prolongadas y tranquilas— tres veces mientras haces esto. Al final de la tercera respiración, deberías empezar a sentir la Paz de la Perfección. Si te ayuda, imagina una suave luz dorada que te rodea mientras haces las respiraciones.

Como toda experiencia es interna y todos los eventos y circunstancias son sólo externas, continuar usando la Gratitud para ver la Perfección suma a la información en tu Mente, la que impacta tu Verdad acerca de un evento o circunstancia, la cual crea un Pensamiento acerca de ello, el que genera una Emoción al respecto, que a su vez produce una Experiencia con ella, y, una vez más, esta Experiencia será tu Realidad interior.

Has tomado un suceso exterior y literalmente lo has interiorizado. Tal proceso puede poner tu mundo *al revés*.

∼

Sería tonto sugerir que siempre es fácil "ver la Perfección". Es extremadamente difícil cuando lo que sucede parece todo *menos* Perfecto. La muerte de un ser amado, la pérdida de un empleo, el final de una relación sin duda calificarían como eventos dentro de esa categoría. Y hay muchos otros que podrían venir a la Mente, así que podrías necesitar ayuda con esto. ¿Y dónde puedes hallarla?

Intenta esto: La teoría es que la idea que tenemos de Perfección dependerá en gran medida de la idea que tengamos del Ser, y de nuestra razón para estar en la Tierra. Son estas ideas lo que genera nuestra comprensión de la Perfección Divina, la claridad que tenemos acerca de *Lo Que Uno Desea,* y a partir de esto, la paz mental que crea el fin de la lucha y el sufrimiento, un resultado que toda la humanidad anhela.

Estos pensamientos deben venir primero. Debes tener clara tu idea del Ser y tu razón para estar en la Tierra, o calificar de Perfección los acontecimientos calamitosos sólo enfurecerá a la Mente y la apagará, apartándote de Lo Único Que Importa.

31

La elección más importante
que harás jamás

Tu idea del Ser y tu razón para estar en la Tierra se divide, al final, en dos simples elecciones. Estas se describen brevemente en el libro antes mencionado, *La tormenta antes de la calma,* que lo estableció de esta manera:

Opción 1

Podrías concebirte como una Criatura Química, un "Incidente Biológico Lógico", es decir, el resultado lógico de un proceso biológico en el que participaron dos procesos biológicos más antiguos llamados madre y padre.

Si te ves a ti mismo como una Criatura Química, encontrarías que no tienes mayor conexión con los Procesos Mayores de la Vida que la de cualquier forma de vida química o biológica.

Al igual que los otros, estarías bajo el impacto de la vida, pero tendrías muy poco impacto *sobre* la vida. Con toda certeza serías incapaz de crear sucesos, salvo en el sentido más remoto e indirecto. Podrías crear más *vida* (todas las criaturas químicas poseen la capacidad biológica de procrear a otras criaturas a partir de sí mismas), pero no podrías crear lo que la vida *hace* ni comprender cómo "aparece" en cualquier momento dado.

Por si no bastara, en cuanto Criatura Química te encontrarías con que posees una capacidad muy limitada para crear una *respuesta* intencionada ante los sucesos y las condiciones de la vida.

Te encontrarías con que eres una criatura de hábitos e instintos, con sólo los recursos con que tu biología fundamental te dota.

Te darías cuenta de que posees más recursos que una tortuga, dado que tu biología te ha dotado de más. Te darías cuenta de que tienes más recursos que una mariposa, dado que tu biología te ha dotado de más.

Te darías cuenta de que posees más recursos que un simio o un delfín (aunque, en estos casos, tal vez no *muchos* más), dado que tu biología te ha dotado de más. Con todo, esos son todos los recursos que verías que posees.

Te encontrarías con que tendrías que lidiar con la vida día tras día en buena medida tal como se presenta, tal vez con una pizca de lo que parece el "control" a partir de la planeación por adelantado, etcétera, pero estarías consciente de que en cualquier momento algo podría salir mal, y a menudo así sucedería.

Opción 2

Podrías concebirte a ti mismo como un Ser Espiritual que habita una masa biológica llamada cuerpo físico.

Si te vieras a ti mismo como un Ser Espiritual, te darías cuenta de que posees poderes y capacidades más allá de los de una simple Criatura Química, poderes que trascienden el plano físico y sus leyes.

Comprenderías que estas facultades y esas capacidades te dan control colaborativo sobre los elementos *exteriores* de tu Vida Colectiva e Individual y control absoluto individual sobre los elementos *interiores*, lo cual significa que tienes la capacidad total para crear tu propia realidad, ya que esta no guarda ninguna relación con la *generación* de los elementos exteriores de tu vida y sí una relación absoluta con la manera en que *respondes* a los elementos generados.

Asimismo, en cuanto Ser Espiritual, sabrías que estás aquí (es decir, en la Tierra) por una razón espiritual. Este es un propósito muy enfocado que guarda una mínima relación directa con tu ocupación o tu carrera, tu nivel de ingresos o tu patrimonio, tus logros o el lugar que ocupas en la sociedad, o con *cualquiera* de las condiciones o circunstancias exteriores de tu vida.

Sabrías que tu propósito se relaciona con tu vida *interior* y que los resultados de tu *búsqueda* para alcanzar tu propósito pueden, con gran frecuencia, tener *efectos* en tu vida exterior.

∼

Es de presumir que en esta etapa ya has seleccionado la Opción 2. Es altamente improbable que hubieras leído hasta aquí si no fuera así. Pero hacer simplemente esta elección no es suficiente.

Algunos seres humanos toman esta opción conscientemente, viendo y aceptándose a sí mismos como Seres Espirituales, pero luego no creen en realidad que lo son, o no están seguros.

Algunos seres humanos toman esta decisión conscientemente y están seguros al respecto, pero luego no saben cómo implementarla en sus vidas.

Algunos seres humanos toman esta decisión conscientemente, están seguros al respecto y saben cómo implementarla en sus vidas, pero no lo hacen.

Algunos seres humanos toman esta decisión conscientemente, están seguros al respecto, saben cómo implementarla en sus vidas y lo hacen, pero luego *no,* y luego lo hacen de nuevo, pero luego dejan de hacerlo otra vez… de modo que experimentan su identidad espiritual como algo que va y viene.

Es por todas estas razones que el mundo es como es hoy.

∼

El reto, si buscas la paz y terminar con la lucha y el sufrimiento en tu vida, es adoptar tu identidad como un Ser Espiritual, y luego implementar esa elección de manera consistente.

Como se ha afirmado aquí muchas veces, la mayoría de las personas no saben "cómo es" eso.

Vamos a mostrarte más al respecto, y cómo puedes implantarlo de forma más plena en tu propia vida, utilizando algunas herramientas maravillosas. Ya has recordado la Gratitud. Ahora veamos también otras herramientas.

32

Otro regalo, otra herramienta

UN SEGUNDO ARTÍCULO VALIOSO para tu caja es una herramienta llamada…

RECONTEXTUALIZACIÓN

Al utilizar este notable instrumento, cambias de forma dramática la Información que da paso a una Verdad que forma el Pensamiento que genera la Emoción que crea tu Experiencia de cualquier Momento Presente.

El proceso de Recontextualización hace justo lo que su nombre sugiere. Crea un nuevo contexto dentro del cual encuadrar la Vida Misma, así como cualquier evento o circunstancia dentro de la Vida, virtualmente eliminando cualquier razón o justificación que pudieras haber sentido en tu vida para estar enojado o resentido con o respecto de cualquiera.

Esta notable herramienta involucra un reposicionamiento de tu perspectiva, dejándote ver lo que ocurre en cualquier momento de tu vida dentro de un contexto nuevo y sorprendentemente distinto.

Retrocedamos aquí y comencemos por el principio.

～

Debería resultarte claro en este momento de tu vida que lo que produce alegría —la *máxima* alegría— es la autoexpresión.

Es por medio de la más plena expresión del Ser que se alcanza la experiencia más completa de Quien Eres en Realidad. Ahora bien, una persona que observa la Vida de cierta forma podría sentir que la expresión más completa del Ser es bastante maravillosa si puede llevarse a cabo, pero que no sucede muy a menudo para muchos, y que la vida tiene más que ofrecer que esto, y que todos debemos seguir adelante, ya sea que nos sintamos "plenamente autoexpresados" o no.

La Recontextualización, por otro lado, te dice que la *autoexpresión plena* es la experiencia *que viniste a buscar*. Esto crea en tu Mente un pensamiento de no estar dispuesto a conformarse con menos. Reformula los días y las horas de tu Vida dentro del contexto de la Agenda de tu Alma, no de los conceptos de tu Mente. La Agenda del Alma siempre excede los Conceptos de la Mente. Esto es cierto no sólo parte del tiempo, sino todo el tiempo.

∽

Lo que aquí se dijo es que la Recontextualización te desafía, te llama, te invita, te empodera para ver tu Vida de una manera nueva; para darle un significado diferente; para rodearla de un propósito distinto; para situarla en un contexto del todo diferente.

Te invita a situarte en el centro de la Rueda de la Creación, y a visualizar tu Ser en colaboración con otras Almas a tu alrededor en la generación de condiciones y circunstancias que son ideales para la Completud de tu propósito de situarte en cualquier Momento Presente.

Te invita a poner ese mismo propósito dentro de un nuevo contexto: la Agenda de tu Alma y el Viaje Sagrado en el que tu Alma se ha embarcado. Esto es ver verdaderamente tu vida y todos sus eventos de una forma nueva.

> **Un Conocimiento del Alma:**
> La autoexpresión plena es la experiencia que viniste a buscar.

Con la Recontextualización puede venir una súbita re-actualización del Ser. Y al volverte un ser autoactualizado en lugar de reactivo, todo cambia en la forma en que te mueves por el mundo.

Veámoslo con un solo ejemplo. Después de usar la herramienta de la Recontextualización, nunca "trabajarás" de nuevo en un empleo que no te agrade, y nunca te "desagradará" otra vez un empleo en el que trabajes. Esto es porque tu "trabajo" se ha convertido en "alegría", aun *si es el mismo empleo que tenías antes*.

Lo que ha sucedido es que has re-enmarcado tu idea entera de lo que se trata el "trabajo" La has *recontextualizado*. Antes pensabas que el trabajo tenía que ver con "ganar un sueldo", pagar las cuentas, ser "responsable" y "hacer lo que es debido" para mantenerse vivo y cuidar de los que amas. Ahora sabes que se trata de hacerse una *vida* en lugar de ganársela. Se trata de ti en cuanto ser espiritual, no lo que dice tu tarjeta de negocios, y de pronto es esto lo que importa.

Tu trabajo es simplemente un medio para una finalidad; es una manera de ser lo que tu viaje espiritual te invita a ser. Es sólo proporcionarte un contexto dentro del cual ser eso, nada más.

¿Qué aspecto de la Divinidad demuestras —para ti y a través de ti— cuando cuidas de los que amas? ¿Qué aspecto expresas cuando pagas cuentas que debes, y adquieres cosas que necesitas o deseas?

¿Qué aspecto de la Piedad exhibes cuando contribuyes a la caridad, u ofreces asistencia financiera a alguien que sabes que se encuentra en necesidad? ¿Y cuando compras un regalo maravilloso para alguien a quien amas?

Observa lo que haces con tu dinero. Eso es quien eres.

No eres tu empleo. Tu empleo simplemente te proporciona los medios para ser quien eres. ¿Eres generoso, dadivoso, afectuoso? ¿Eres justo, honesto, confiable? ¿Eres protector, empoderador, creativo?

Todos estos son aspectos de la Divinidad con los que te das la capacidad de expresarte libremente, a través del regalo que la Vida te ha dado y que llamas "trabajo".

Cuando ves tu trabajo de esta forma lo experimentas no como algo que *tienes* que hacer (hay mucha gente que decide no trabajar), sino como parte de un proceso más grande por medio del cual consigues *ser* aspectos específicos de la Divinidad que libremente has decidido ser.

Para algunos, sin duda esta es una nueva manera de mirar el empleo, pero *eso es de lo que se trata la Recontextualización.*

∼

Curiosamente, ni siquiera es necesario que tengas afinidad por lo que haces en *algún* momento dado, no sólo en el trabajo, para que esta herramienta sea efectiva. Podría, de hecho, ser ese trabajo que no te gusta en particular, pero también podría ser una tarea doméstica que te aburre, una labor que preferirías no hacer, una conversación que preferirías no tener, una tarde que confiabas evitar, podría ser cualquier cosa. De nuevo, súbitamente lo que importa no es lo que *haces,* es la decisión que has hecho en cuanto a *Lo Que Uno Desea,* y tu estrecha observación de cómo puedes manifestar eso a través de *lo que sea* que estés haciendo. Esto se vuelve Lo Único Que Importa.

Es así como puedes recontextualizar cualquier Momento. Simplemente decides que existe por una razón del todo diferente de la que le habías dado antes.

Mágicamente, esa nueva elección —si es tu elección más elevada— puede impactar y afectar lo que haces de tal manera que *hacerlo* de verdad se vuelve un placer y una alegría.

Puedes encontrar disfrutable lavar platos cuando viene de este lugar. Puede resultarte fácil, y en realidad maravilloso, ir a un trabajo que alguna vez odiaste cuando viene de este lugar.

Volviendo al ejemplo de la maternidad, este el lugar de donde viene una madre cuando cambia y alimenta a su bebé de dos meses a las 3:30 de la mañana. Salir de un profundo sueño probablemente no es lo que más quisiera hacer en mitad de la noche, pero ella consciente o inconscientemente recontextualiza su actividad de manera que permee sus pensamientos acerca de sí misma y de lo que sucede, y este proceso es tan poderoso que encuentra que de verdad *quiere* hacer lo que hace.

Conversaciones con Dios nos dice que "nadie hace nada que no quiera hacer". La Recontextualización te lleva al corazón de esa verdad. La gente puede *pensar* que no quiere hacerlo, olvidando la razón de que los *beneficia*, y luego imaginándose como *víctimas* al tener que hacerlo, por medio de una circunstancia que ellos mismos ayudaron a co-crear *para* experimentar el beneficio que ahora no pueden ver.

La Recontextualización te pone de vuelta en el espacio original, el espacio del primer propósito de tu Alma. Sustituye el Pecado Original con la Motivación Original. Esto en verdad es una gracia asombrosa, pues una vez estuviste ciego y ahora puedes ver.

~

Utilizando la Recontextualización te das cuenta de que lo que sea que esté sucediendo ahora mismo sucede para proporcionar un contexto en el cual puedas ser y experimentar la siguiente versión mayor de la visión más grande que hayas tenido jamás acerca de Quien Eres. Esta herramienta excepcional es otra manera de enfocarse en Lo Único Que Importa.

Por supuesto que ahora sabes —gracias a la "recordación" que has hecho aquí— *que esto no es obligatorio*. Se ha dicho una y otra vez, de modo que puedas tenerlo muy, muy

> **Un Conocimiento del Alma:**
> Nadie hace nada que no quiera hacer.

claro. Si eliges evitar la expresión de la Divinidad en su siguiente nivel más elevado por encontrarla más desafiante de lo que desearías en este o cualquier Momento específico, puedes experimentar el Momento de cualquier forma que lo desees.

Así que ahora la cuestión puesta ante ti es la que todos los maestros espirituales enfrentan. (No es que de pronto tengas que convertirte en un maestro espiritual, pero te puede servir contemplar por una vez una cuestión que ellos consideran todo el tiempo.)

La pregunta: si eres *tú* quien elige, en tu propia Mente, tener una experiencia interior específica en lugar de otra distinta con respecto a un Acontecimiento Externo en tu vida, ¿cómo puedes no estar contento y conforme, sin importar lo que estés experimentando? ¿No estás haciendo las cosas a tu manera? Aun si estás experimentando verte asustado, o enojado, o frustrado, o molesto… ¿no estás haciendo las cosas como quieres? ¿O es que sigues creyendo que no eliges tus emociones, y que no tienes control sobre ellas?

∾

Tienes control, por supuesto. Tú seleccionas, creas y luego actúas sobre cada emoción que tengas. Lo que seleccionas, cuándo lo creas y cómo actúas sobre ello es algo que sólo te concierne a ti. Nadie puede hacer que tengas una emoción específica. Y saber esto, aceptarlo, deriva de un crecimiento de tu Conciencia Amplia surgido de tu empleo de las herramientas del Alma, la Gratitud y la Recontextualización. Estas herramientas generan un cambio de actitud, no de circunstancia. *Nada ha cambiado, pero todo es diferente.*

Lo que ha sido modificado no es el exterior, sino el interior. Ahora tienes claro internamente que estás *siempre eligiendo* con respecto a tu Experiencia de todos y cualquier Evento o Circunstancia, sabiendo que tu Experiencia se basa en Emociones acerca de ese Evento o Circunstancia, surgidos de tus Pensamientos acerca de ese Evento o Circunstancia, emanados de tu Verdad acerca de ese Evento o Circunstancia, generada por la Información que posees acerca del Evento o Circunstancia, *Información que puede, bajo tu decisión, expandirse en cualquier instante para incluir la Conciencia del Alma.*

Con tal expansión de la información de la Mente, te resulta claro al instante que nada puede forzarse en ti, *jamás,* y que experimentas la Vida como tú lo has elegido.

Puedes mirar hacia dentro de la garganta del león sin miedo, o retroceder a la vista de una araña. Puedes caminar por el borde sin temblar, o puedes encogerte de pensar en salir de tu propia casa.

La elección es tuya. Siempre ha sido tuya. El mundo puede *hacerte* cosas, pero no puede extraer cosas *de* ti que tú no elijas darle.

Un enfoque estable en Lo Único Que Importa, utilizando herramientas poderosas como la Gratitud y la Recontextualización, te sitúa en el espacio de la realeza como el soberano de tu propio Reino.

Tu Reino ha llegado, tu Voluntad se está cumpliendo, sobre la Tierra, que es parte del cielo.

¿No ha sido escrito: "Sois Dioses"?

33

¿Qué tan alta está la barra?

Hablemos un poco, por favor, acerca de las expectativas. Específicamente, las que fijas para ti mismo.

La Parte Dos de este texto estableció muy claro adónde intenta tu Alma que te lleve el Viaje Sagrado. Pero ten cuidado de no "fijar la barra" demasiado alta en términos de cómo o cuándo llegar allí.

Tu meta es la Completud, pero eso no significa que tengas que aparecer como un gurú que evite cometer errores, que niega su humanidad y sólo emite sabiduría en todo momento de su Vida. De hecho, todo lo que haces te lleva adelante en la senda de la evolución, así que no te regañes ni atormentes por "no hacerlo bien" mientras vas por tus días y horas.

Haz un amplio empleo de esta tercera Herramienta para la Vida…

COMPASIÓN

Recuerda que la Completud se definió como La Totalidad de Ti expresando y experimentando la Divinidad al nivel más alto que la circunstancia, condición o evento de un Momento Presente permitan, dado tu nivel de Conciencia Amplia en ese Momento.

La frase final de esa última oración no carece de importancia. Te sería altamente benéfico resumir tu comprensión del Viaje Sagrado con esas palabras. Nada te hará sentir entrampado más rápidamente que esperar lo imposible de ti mismo.

Recuerda lo que la Divinidad Misma espera de ti.

Nada.

Nada en absoluto.

No estás obligado a ser o hacer nada, y nada se exige de ti. Todo el Proceso de la Vida es un ejercicio de Libre Albedrío.

Y Libre Albedrío significa exactamente eso. No quiere decir que seas libre de hacer o no hacer lo que alguien te dijo que "Dios ordena". Quiere decir que eres libre de expresar y experimentar todo en la Vida exactamente como tú elijas, y no habrá "juicio" o "castigo" involucrados.

~

Tomará algún tiempo, en términos terrestres, que la Nueva Mente incluya en su base de datos la Conciencia del Alma. Tu Antigua Mente, después de todo, ha sido inundada con toda clase de Verdades Temporales, lo que es muy diferente de la Realidad Espiritual.

> **Un Conocimiento del Alma:**
> Todo lo que haces te lleva adelante en la senda de la Evolución.

Al principio podrías querer negar tu Conciencia del Alma. Irónicamente —tomando en cuenta que te has dicho que todas las Verdades de la Vida emergen de un Dios totalmente amoroso—, podrías decirte a ti mismo que la Conciencia Eterna que te ha aportado tu Alma es, en realidad, demasiado buena para ser verdad. Parece increíble, en la superficie, que se te haya dado de verdad libertad absoluta para tomar tus decisiones y para crear tu vida como decidas.

Igualmente, el nivel de Conciencia Amplia de un ser humano (o, para usar nuestra analogía de la "esponja", la capacidad de tu Mente para absorber la Conciencia de tu Alma) muy probablemente será diferente a los 7 años de lo que será a los 47 o 67. (No necesaria, pero muy probablemente.)

Para hacer el ejemplo más cercano, tu propio nivel de Conciencia Amplia podría ser notablemente diferente mañana del que tienes hoy. Y, para el caso, al siguiente *instante* del que tienes ahora mismo, *quizá como resultado de que leas esto*. (La sabiduría que te has proporcionado *a ti mismo desde ti mismo a través* de ti mismo.)

Sabe, también, que la Conciencia Amplia *fluctúa*. No permanece constante simplemente porque ha alcanzado cierto nivel, sino que aumenta y disminuye según la cantidad de Conciencia del Alma integrada a la Experiencia de la Mente en un Momento dado.

O como lo expuso un observador: "La Iluminación no es como quitarse las amígdalas, que una vez hecho está hecho. La iluminación es una experiencia continuada. Eso es al mismo tiempo su desafío y su deleite. La Búsqueda nunca termina, y nunca es aburrida".

Pero hay una manera de poner fin a los "altibajos" de la Conciencia Amplia extremadamente alta a muy baja Conciencia Amplia que puedes haber encontrado en tu Viaje Sagrado. Esa manera es utilizar la herramienta de la Compasión cuando te observes expresando menos que tu Conciencia Amplia más elevada.

Permítete notar que eres tal como necesitas ser, justo cuando necesitas ser, para llevar adelante la agenda de tu Alma.

Estás aprendiendo cómo hacer eso, o, más correctamente, *recordando* lo que tu Alma ya sabe al respecto. *Conversaciones con Dios* dice algo bastante notable acerca de esto. Dice que es imposible que cometas un error. Sólo es posible dar pasos que continúen llevándote hacia tu destino.

Un verdadero científico nunca se desanima (si llega a desanimarse alguna vez) por trabajar mucho en el laboratorio sin llegar a los resultados deseados. El científico entiende a la perfección que mientras más sofisticado el experimento, más *cargado de matices* deberá estar cada paso en él. La más ligera sombra de una diferencia en el enfoque, o en cualquiera de los muchos aspectos variables, y el resultado puede verse bastante modificado. Pero cada enfoque conduce hacia el destino deseado por el científico.

Tu vida es exactamente así. Tus acciones —aun aquellas que calificaría de errores— no podrían ser más perfectas para encender tu recuerdo de todo aquello que eliges recordar, para experimentar todo aquello que eliges experimentar, para ir a todos los lugares a los que eliges ir, por medio de la bendita expresión de la Vida Misma.

Así pues, cada vez que tu experiencia te muestre el siguiente paso en tu senda, deja que tu corazón se abra, no que se cierre, sabiendo que el Cielo está trabajando aquí y que todo estará bien.

La poeta Em Claire ha escrito sobre esto también...

> *Por favor no lamentes*
> *todos esos momentos que te han traído*
> *Aquí.*
> *Si estás leyendo esto,*
> *entonces tu perseverancia ha sido respondida,*
> *y una Gracia está en camino.*
> *Así que por ahora, sujétate con soltura a donde te encuentras.*
> *Y como nudos en una cuerda que marcan tu alcance,*
> *mano sobre mano*
> *seguirás subiendo*
> *a veces entre el éxtasis,*
> *a veces entre la blanca agonía, pero*
> *cada vez más alto*
> *dentro de la luz eterna.*
> *Esta misma fórmula una*
> *y otra vez.*
> *Hasta ese día en que te descubras*

sólo una luz;

sólo llama.

En un sitio

donde aun el Amor Mismo se ha desatado.

"El Amor Mismo"

© 2006 Em Claire

∽

Queridísimo, Maravilloso Ser:

Sabe que la intención del Alma nunca es llevarte hasta el límite, sino siempre invitarte a superar tus límites. De camino allá, sé amable contigo mismo. Sé blando y comprensivo y atento, y utiliza esta herramienta de la Compasión.

Recuerda lo dicho aquí al comienzo mismo de esta exploración: *No estás haciendo nada mal.*

Estás simplemente recordando. Y no puedes recordar toda la sabiduría del Alma de golpe. En realidad tienes que exprimir la esponja de cuando en cuando si deseas absorber el océano.

Tu nivel actual de Conciencia Amplia es en lo sucesivo no una medida de tu bondad como ser humano, ni tu acreditación como entidad espiritual.

Un niño de tercero no es menos hermoso que uno de cuarto, y no es menos una imagen de perfección que un graduado de universidad. Y el que ha resbalado y caído y vuelto a levantarse ha tenido que reunir más coraje que aquel que, aunque lo bastante valiente como para enfrentar un viaje desafiante, nunca se ha raspado una rodilla.

Así que ten Compasión por ti mismo. Eres valiente y bueno, y te lo mereces.

∽

Y cuando emplees esta maravillosa herramienta, por favor asegúrate de dirigirla a los demás también. Ellos igualmente están recordando ahora. Y algunos no han recordado tanto como tú.

Uno de los usos más elevados de la Compasión que podrías concebir será tu empleo de ella con cualquiera cuya vida toque la tuya.

Muchos se acercarán a ti con su ira, su molestia, su daño, su necesidad. Muchos recurrirán a ti en sus momentos de disfunción y su "nube de desconocimiento". En su confusión, algunos de verdad imaginarán que te necesitan a ti y *sólo a ti* para sanar sus heridas y darles lo que aún no han aprendido a darse a sí mismos: amor y comprensión.

Y aceptación. Y paciencia. Y perdón. Mientras más uses la Compasión para ofrecer a los demás estos dones, mayor será tu familiaridad con esta herramienta notablemente sanadora, y te resultará más fácil usarla *contigo mismo*.

∼

No siempre es fácil ofrecerse Compasión a uno mismo. Mucha gente no se encuentra cómoda recibiendo esto de ellos mismos. Interrumpe su "historia" de "nunca hacer nada bien", o "estar en falta", o "quedarse corto", o "no ser lo bastante bueno". Sienten que siendo compasivos consigo mismos se están dejando "libres de culpa" o dándose "permiso" acerca de algo por lo que deberían seguir sintiéndose mal.

De modo que para ser duros consigo mismos, rechazan ofrecerse Compasión a sí mismos.

Un Conocimiento
del Alma:
La Compasión genera
claridad.

Esto le permite a mucha gente que se ha sentido mal respecto de sí mismos por "no hacer las cosas bien" desde la niñez continuar haciéndolo. En esto, son sus propios peores capataces. O como el difunto Walt

Kelly dijera popularmente a través de la voz de *Pogo,* su querido personaje de tira cómica: "Nos hemos topado con el enemigo, y somos nosotros mismos".

Al final, después de tratarnos así durante años, la única manera en que la gente puede sentirse *alguna vez* cómoda utilizando la herramienta de la Compasión es empleándola con los demás. Con frecuencia es difícil para ellos incluso encontrarla... ha pasado mucho desde que recurrieron a ella. Pero el milagro de la Compasión es que incluso si encuentras el borde de ella, si tocas apenas su punta, se derrite el iceberg. El efecto es instantáneo.

El corazón se abre.

Y de pronto, cuando el corazón se abre, la Mente se abre. Puede escuchar cosas que no había oído antes. Como la suave voz del Alma, ofreciendo cálidamente una perspectiva más amplia, un entendimiento más profundo, un punto de vista más grande; abordando calladamente una agenda distinta, una nueva prioridad, un propósito modificado. De inmediato, en el espacio de la Compasión, lo que realmente *importa* se hace claro.

Nadie que ocupe el asiento de la Compasión se descubre enfocado en cosas irrelevantes. *La Compasión genera claridad.*

～

Así que usa esta herramienta a menudo. Encontrarás que su efecto es circular. Mientras más te otorgues a ti mismo, más tendrás para dar a otros. Mientras más otorgues a otros, más te concederás a ti mismo. Puedes empezar en cualquier extremo.

Es, como todo en la Vida... simplemente otra forma del Amor.

34

Una última herramienta

Hay una herramienta más sobre la que querrás saber. Es la última herramienta que te será descrita aquí, y se dejó para el final porque su efecto puede ser tal vez el impacto más profundo producido por herramienta alguna, creando un efecto verdaderamente extraordinario.

Es una herramienta que utilizarás sobre cualquiera que en tu vida te haya hecho algo negativo de cualquier forma, y la utilizarás *no* al usarla sino al desecharla.

La herramienta en cuestión es el…

PERDÓN.

~

Comencemos nuestra descripción de esta herramienta observando lo que tiene en común con todas las demás. Cada una de las herramientas que se te han ofrecido aquí está diseñada para generar una experiencia básica: la libertad. Eso es porque la libertad es la esencia de la Divinidad.

Hay muchas palabras que se usan para describir la cualidad fundamental de la Divinidad en términos humanos —amor, paz, alegría, etcétera— pero la palabra "libertad" se acerca más, tal vez, para capturar la cualidad primaria de la cual todas las demás fluyen.

Una persona que es absoluta y totalmente libre… y esto no quiere decir solamente ser libre para hacer lo que quiera cuando quiera, sino también serlo de cualquier pena o tristeza, cualquier lucha o sufrimiento, cualesquiera heridas o daños, cualquier cosa en absoluto en el pasado que pueda nublar o disminuir o impactar de cualquier forma desagradable el Momento que está Presente... una persona que es *así* de libre amaría a todos y todo, estaría siempre en paz, experimentaría inevitablemente la alegría, estaría por siempre cautivada por la maravilla de la Vida y se sentiría, de un Momento al siguiente, simplemente Divina.

Así que si la experiencia de la Divinidad es tu meta (y lo es, ya sea que lo hayas sabido o no), entonces aquello que genere libertad debería ser la herramienta que tendrías que encontrar, de modo que puedas construir tu realidad (la cual es por completo una construcción y una experiencia internas que esencialmente *determinan* lo que los eventos y las circunstancias externas significan) de tal manera que nunca seas infeliz por ninguna razón jamás.

Tal estado del ser te permitiría entonces seguir adelante con la Agenda del Alma, avanzando rápidamente y alcanzando la Completud de tu Viaje Sagrado, utilizando así virtualmente cada Momento de tu Vida en servir al Propósito Divino.

Esta es la forma en que Lao Tsé vivió. Esta es la manera en que Buda vivió. Esta es la manera en que Jesús vivió. Esta es la manera en que todos los maestros espirituales anduvieron por la Tierra. Todos estos maestros, y muchos más, han dicho de forma bastante directa, cada uno a su manera, que una meta alcanzable para todos los seres humanos era la libertad del sufrimiento, la cual genera todo lo demás que una vida buena y santa permite.

Las herramientas que se te han dado aquí hacen precisamente eso. La Gratitud te dará libertad de la lucha y el sufrimiento *en un instante*. La Recontextualización te dará libertad de la ira y el resentimiento *en un instante*. La Compasión te dará libertad del culparse a uno mismo y de la falta de valía propia, y de la frustración con los demás, *en un instante*. Y ahora tu regalo final, el Perdón, te dará libertad de todo daño, lesión o lastimadura en cualquier forma proveniente de cualquier fuente.

El perdón te dará esto el día que decidas nunca tener que usarlo otra vez; el día que te deshagas de él. Descartar la herramienta, no su uso, es lo que desata su tremendo poder, como cuando un resorte comprimido salta de una caja. Así que tal vez la herramienta debería llamarse en realidad Olvidar el Perdón.

El día que entiendas que no tienes que perdonar a nadie —y que *nunca* has tenido que perdonar a nadie por nada en absoluto, porque todas las expresiones humanas son al final una expresión de amor, como se dijo en el Capítulo 16— serás libre, sin importar lo que haya pasado en tu vida. Libre de lucha, libre de sufrimiento, al fin.

Esta es la clase de libertad que sintió Nelson Mandela, permitiéndose amar a los carceleros que lo mantuvieron preso por más de 20 años, para utilizar un ejemplo humano reciente e impactante. Esta es la clase de libertad que el Papa Juan Pablo II sintió cuando acudió a la celda del hombre que le disparó y casi lo mató, dándole al pistolero su bendición.

～

¿Cuál es el secreto detrás de esta clase de libertad, un nivel de libertad que permite a su portador hacer a un lado completamente el Perdón como herramienta para vivir?

Es el mismo secreto que permite decir que Dios nunca perdona a nadie por nada. Dios nunca lo ha hecho y nunca lo hará.

Conversaciones con Dios hace esta audaz afirmación, y lo hace tan inequívocamente que incluso aquellos que concuerdan con

> **Un Conocimiento del Alma:**
> El Perdón no es necesario.

sus otras revolucionarias revelaciones espirituales se descubren asombrados, hasta que miran detrás de la declaración la explicación que se proporciona.

Como hemos observado antes, Dios no ofrece ni ofrecerá perdón para nadie por nada porque *el perdón no es necesario*. Lo sustituye en el proceso del Equilibrio Divino una energía más abrasadoramente poderosa: la Comprensión.

Debido a lo radical de esta idea, diferente de casi cualquier cosa que te hayan enseñado alguna vez, volvemos aquí sobre este principio para anunciar el Olvido del Perdón como una de las cinco poderosas herramientas que puedes usar para alcanzar la Completud en tu Viaje Sagrado. Y la razón, una vez más…

Primero, la Divinidad entiende Quién y Qué Es, y por tanto Está Consciente de que no puede ser lastimada o dañada, herida o disminuida en forma alguna. Esto significa que la Divinidad no puede verse decepcionada o frustrada o irritada o enojada o vengativa por ninguna razón. Simplemente no *tiene* razón. "La venganza es mía, dijo el Señor" es la mayor falsedad espiritual de todos los tiempos.

Segundo, Dios entiende que los humanos *no* entienden quiénes y qué *son*, y por tanto imaginan que *pueden* ser lastimados y dañados, heridos y disminuidos, y es por esta experiencia, o por miedo, de ser lastimados que todos sus pensamientos, palabras y acciones aparentemente piden que fluya el Perdón. Sabiendo esto, Dios no tiene necesidad de *perdonarte* (aun si dios pudiera de alguna manera ser "lastimado") más de lo que necesitas perdonar a un niño de dos años por decir o hacer algo que no tiene sentido.

～

La idea de que *necesitas* perdonar a alguien se basa claramente en el hecho de que te sientes ofendido, dañado o lastimado

LO ÚNICO QUE IMPORTA

por alguien más. Tal pensamiento niega la realidad de quien eres realmente.

Nelson Mandela y el Papa Juan Pablo II nunca cayeron en tal negación. (O si lo hicieron, la abandonaron permanentemente.) Aunque no concordaban con lo que otro había hecho, entendían por qué lo hizo.

Tal como entendemos al niño cuya simple inmadurez y confusión guía sus acciones, así también vemos, cuando venimos del lugar del Entendimiento Profundo, que lo mismo es cierto de los adultos que actúan de formas que personas de menor conciencia calificarían de dañinas o hirientes.

Comprender por tanto sustituye el Perdón en la Mente de aquellos que han expandido su Conciencia Amplia para incluir la Conciencia del Alma. El Alma sabe que nadie hace nada inapropiado dado su modelo del mundo. El Alma sabe que todos están haciendo lo mejor que pueden en cualquier momento dado.

Un maravilloso esfuerzo de tu Mente, entonces, cada vez que comiences a sentir que estás siendo o fuiste lastimado o dañado de alguna manera, sería abrirse a la sabiduría del Alma.

Detente. Respira. Y entonces escucha.

Escucha el razonamiento del Alma —lo que ha sido llamado Lógica del Alma— y te acercará cada vez más a la Completud, en ese momento, de tu Viaje Sagrado.

∼

Nota del editor original: Si quieres ver un proceso sanador que ha sido desarrollado alrededor de esta herramienta particular, tal vez desees ver un video del SouLogic Process. Lo puedes encontrar en la siguiente liga:

www.TheOnlyThingThatMatters.net/video

35

Vacío mental

Podrías preguntarte: si la Mente viaja con el Alma entre existencias, ¿por qué ahora tienes que "recordar" lo que has puesto ante tu atención aquí?

La Mente de todos los seres humanos vuelve al cero al Momento del Nacimiento. Toda la información anterior es borrada. Y así, aunque en tu primer día de Vida tu Alma guarde una *conciencia* de Todo, tu Mente *no* guarda nada en absoluto.

Esto no es por accidente.

La Vida está diseñada para darle a La Totalidad de Ti un nuevo comienzo con cada encarnación. De esta manera puedes recrearte por completo en la siguiente versión mayor de la visión más grande que tu alma haya tenido jamás acerca de Quien Eres.

Se borra la pizarra como parte del regalo más grande de Dios: la Libertad.

La Vida quiere que tú tengas la libertad para hacer las Elecciones de Hoy como desees, sin la carga de las decisiones de tu pasado, sin límites gracias a la promesa de tu futuro; sin verte restringido por las condiciones de tu humanidad, sin ataduras gracias a la gloria de tu Divinidad.

~

Ahora puedes recordar que al inicio de estas exploraciones introdujimos la idea de que el Cuerpo y la Mente nunca mueren, como el Alma tampoco muere jamás, pero viajan con La Totalidad de Ti de existencia en existencia. De modo que podrías decir: "Si la Mente vuelve al cero en cada nacimiento, *bien* podría morir al final de su Vida previa, porque de qué sirve si en *esta* Vida no tiene recuerdos de lo que aprendió".

Esa es una pregunta maravillosa que sólo una persona que pondera profundamente estas explicaciones una a una podría plantearse. De nuevo, la parte de ti que está haciendo *precisamente eso* ha puesto esta indagatoria ante ti, para que no dejes sin levantar ninguna piedra.

Para replantear la pregunta: ¿si la Mente vuelve a cero, con toda su información de vidas previas borrada, no es lo mismo que si muriera y naciéramos con otra?

La respuesta es no. Pues tu Mente, tal como describimos en el Capítulo 6, es de hecho como una computadora, sólo que *mucho, mucho mejor.*

Como probablemente sabes, en una computadora no puedes borrar de manera permanente ningún dato. Puedes enviar datos a la "basura" —es decir, puedes "borrarlos"—, pero la palabra "borrar" es en realidad una falsa promesa. Has enviado simplemente tus datos a una ubicación aparte en tu disco duro.

Tu sistema operativo está programado para no revisar esa ubicación cada vez que le proporcionas un comando, de modo que el sistema funciona más rápido. Por esta razón es buena idea enviar información innecesaria al Bote de Basura… pero también es buena idea saber que se queda allí para siempre.

Lee eso: *Para siempre.*

Como tantos delincuentes de cuello blanco, que pensaron que habían "mandado a la basura" cierta evidencia de sus malos manejos, y encuentran para su consternación que cuando los chicos buenos llegan, confiscan sus *laptops* y revisan los archivos supuestamente borrados, sólo para encontrar allí todo lo que necesitan para enviarlos a prisión por una temporada muy larga.

Un Conocimiento del Alma:
La Vida quiere que tengas la libertad para hacer las elecciones de hoy como desees.

En estos días escuchas cada vez más acerca de *software* que "destruye" datos, pero esto tampoco hace que nada desaparezca en realidad. Simplemente sobrescribe los datos, añadiendo otros nuevos y confusos *encima* para hacer que los originales sean imposibles de ver claramente. *Pero siguen allí.* Simplemente se ven así. (Y, de hecho, mucho peor. No puedes leerlos en absoluto.)

¡Ah, pero tu Mente es más eficiente que una computadora! Puede enviar datos a la "basura" (hace exactamente eso con cada nuevo nacimiento), pero puede volver a ellos dentro de sus archivos Borrados y sacar incluso datos sobrescritos (recuerdos de experiencias que has tenido una y otra y otra vez, de existencia en existencia) y descifrarlos.

¡En pocas palabras, no puedes "destruir" permanentemente la Información de la Mente!

¿Qué significa esto de manera práctica? Significa que aunque, sí, comienzas cada nueva vida física con la "pizarra en blanco", otorgándote la libertad para hacer elecciones inmediatas sin la carga de tus elecciones pasadas, tu Mente puede aún acceder a Información Previa de existencias pasadas cuando decide que es provechoso hacerlo y no un problema. Cualquier cosa que sirva a la continuidad de la Vida no lo es.

En consecuencia, todos hemos escuchado historias de personas que de pronto "supieron" cómo nadar porque un niño que se agitaba desesperadamente en el lago necesitaba ayuda, o quienes de pronto "comprendieron", sin ningún entrenamiento real en psicología avanzada, justo lo que debían decir a un hombre para evitar que saltara de un puente.

Pero para todas las intenciones y propósitos ordinarios, la Mente está libre de estos billones de *bytes* de información borrada, sin necesidad alguna en absoluto de sacar viejas ideas o referencias que no te sean útiles en el Momento Presente.

Elevándose por encima de cualquier viejo pensamiento que tu Mente haya albergado acerca de tus defectos o fracasos, tu

Mente refrescada se abre con cada nacimiento a la Conciencia que tu Alma ha tenido siempre: que tú eres magnífico.

¿Crees que es coincidencia que los niños pequeños crean que son maravillosos y pueden hacer cualquier cosa y ser lo que quieran, y que vivirán por siempre?

$\sim$

Mientras más cerca estás de tu nacimiento, más cerca estás a la verdad de tu Ser. Con tu memoria limpia de todas tus Experiencias Previas de Vida en el Cuerpo, puedes mostrar una nueva Mente respecto de las cosas. Y es así que has sido advertido sabiamente: *Sed como niños.*

Que este sea tu mantra, ahora y por siempre.

Mira el mundo con la inocencia de un niño, enfrenta el mundo con la intrepidez de un niño, ama al mundo con la prontitud de un niño, sana al mundo con la pureza de un niño, cambia al mundo con la sabiduría de un niño.

Sed como niños.

36

Mantener la conexión
entre la mente y el alma

La libertad de los niños para ser auténticos, puros y alegres es lo que experimentarás cuando enfoques tu vida en Lo Único Que Importa. Un profundo compromiso para mirar profundamente en cada Momento para ver cómo puedes expresar mejor y más completamente Lo que Uno Desea te llevará pronto dentro de una Conciencia Amplia Expandida, de la cual surge toda Divinidad.

Esa Conciencia Amplia Expandida es lo que resulta cuando tu Mente y tu Alma se co-juntan, pues entonces la Experiencia y la Conciencia se encuentran. La cuestión es cómo crear esos Encuentros. Lo primero que tienes que hacer es eliminar cualquier pensamiento que tengas acerca de que la Conciencia Amplia Expandida es algo reservado para unos cuantos.

La Conciencia Amplia Expandida es, de hecho, muy fácil de experimentar, y todos en el planeta lo han hecho. Sí, incluso los niños. Tal vez en especial los niños pequeños.

Tu siguiente experiencia de Conciencia Amplia Expandida puede ocurrir…

- En cualquier Momento, como en un "destello".
- De manera intermitente, durante un breve pero intenso periodo.
- De manera regular, a lo largo de meses o años.
- De forma continua, como una realidad corriente a lo largo del resto de tu vida.

La gente dentro de la primera categoría a veces afirma haber tenido una "epifanía", y entonces pueden volverse Buscadores.

De la gente dentro de la segunda categoría se dice a veces que tuvieron un "despertar" (lo que podría describirse como una especie de epifanía *prolongada)* y pueden volverse Alumnos.

De la gente dentro de la tercera categoría se dice a veces que han alcanzado un alto nivel de Conciencia Amplia, y pueden volverse Mensajeros o Maestros.

De quienes están dentro de la cuarta categoría se dice que han alcanzado la iluminación, y pueden entonces ser llamados Santos o Gurús o Maestros, aunque ellos amablemente rechazarían semejantes tratamientos.

~

Como se ha compartido aquí ya varias veces, toda la gente alcanza la Completud en varios Momentos en su Viaje Sagrado del Alma. Lo que buscan es la experiencia de *continuar* viviendo en ese Estado. Y eso es simplemente una cuestión de aprender a abrir una brecha o canal entre la Mente y el Alma, de modo que la Mente pueda traer al Alma *a voluntad,* generando la experiencia de la Conciencia Amplia Expandida de forma regular durante varios meses o años, y al final, como una realidad mantenida a lo largo de la mayor parte de la propia vida.

> **Un Conocimiento del Alma:**
> La Conciencia Amplia Expandida es muy fácil de experimentar.

La siguiente herramienta —la última que exploraremos aquí— proporciona una manera de *mantener* la experiencia de la Unidad Mente/Alma, cuando la Experiencia de la Mente se combina con la Conciencia del Alma para producir la experiencia de la Conciencia Amplia Expandida.

Esta experiencia no tiene que parecer misteriosa o mística, a propósito. La unión del Alma con la Mente puede suceder de formas bastante ordinarias en momentos bastante ordinarios. Por ejemplo, podrías tener esta experiencia *ahora mismo,* mientras estás leyendo este libro.

Todas las herramientas que has recibido aquí hasta ahora son altamente efectivas para conectar tu Mente y Alma.

Nada te dará más rápido el *sentimiento* en el que el Alma vive que la Gratitud. Nada te abrirá más rápido a la profundidad de la sabiduría del Alma que la Compasión. Nada te dará más rápido más de la infinita paz del Alma que la Compasión. Y nada expresará más rápido el don de la verdadera naturaleza del Alma que Olvidar el Perdón.

Pero hay un instrumento mágico, no mencionado aún, que te permitirá *mantener* las experiencias a las que las demás herramientas te conducen, y esta es nuestra última herramienta recomendada:

MEDITACIÓN.

~

Parece predecible y casi espiritualmente trillado mencionar esto, es sólo que esta herramienta ha sido por tanto tiempo un método tan *comprobado* de acceder a la Conciencia del Alma que todos lo recomiendan todo el tiempo. Su predictibilidad habla bien de su eficiencia.

No pasaremos mucho aquí, entonces, apoyando o promoviendo la meditación. Para esta fecha has escuchado a bastante gente hablar sobre ella. Lo que tal vez quieras saber sobre ella, no obstante, es cómo practicarla de manera efectiva (si es que no lo has hecho ya).

No hay una Mejor Manera de meditar. No hay una respuesta única sobre cómo practicar mejor. Cada persona experimenta el proceso de modo distinto. Pero hay algunos enfoques para utilizar esta herramienta que podría resultarte interesante conocer.

No hay demasiado "allá afuera" sobre la materia que pueda encontrarse en unas páginas que sirvan de referencia rápida y sencilla, así que hemos incluido en el Apéndice un fragmento de un libro mencionado en el Capítulo 29, *El cambio está en ti*.

Esa guía espiritual contiene una descripción de cuatro diferentes aproximaciones a la Meditación, y sentimos que el material contiene conocimientos que deberían incluirse en este documento. Es parte del Material de Respaldo, sin embargo, y no del texto principal, así que si leíste el libro mencionado, no tienes que repasar el material de nuevo para terminar esta lectura.

Si *no* has leído *El cambio...* y tienes interés en ver si hay una manera de que la Meditación funcione para ti —o tal vez funcione mejor—, tal vez sin duda quieras revisar el Apéndice de este libro.

≈

La razón de que la Meditación sea una herramienta tan efectiva para llevarte a lo largo del Viaje Sagrado es que crea un ambiente dentro del cual puede establecerse una conexión entre la Mente y el Alma.

Hay otras formas de crear también ese ambiente, incluidas —pero sin duda no limitadas a— la oración, la visualización, la visualización guiada, la danza del éxtasis, la búsqueda de visiones, el ayuno, los cánticos, los tambores sagrados y la simple contemplación en silencio.

> **Un Conocimiento del Alma:**
> La Mente no fue diseñada para funcionar sola.

La oración es tal vez el método más ampliamente enseñado para conectar con la Divinidad (lo que es, por supuesto, de lo que se trata conectar con tu Alma). Todas las religiones del planeta la enseñan. Puede ser una forma maravillosa de establecer contacto con Dios, pero por mucho la diferencia entre la Oración y la Meditación es como la que hay entre llamar al servicio a cuartos para ordenar algo y escuchar un disco de música suave con los audífonos puestos. Una es "enviar" y otra es "recibir" energía.

La visualización definitivamente ayuda a llevar a la Mente de su preocupación actual a algo conectado de manera más profunda con los deseos de uno, y si los deseos de uno son idénticos a *Lo Que Uno Desea* (lo son al nivel más profundo, pero pueden no serlo en la superficie), esta técnica puede ser muy útil. Sin embargo, involucra a la Mente de modo más activo que otras formas de Meditación.

Otras vías hacia el Alma como la visualización guiada y la danza del éxtasis pueden por supuesto llevar más cerca de la paz interior que puede conducir a una conciencia más elevada, pero la mayoría de la gente informa que esto sucede sin toda la confiabilidad o la regularidad de la Meditación. La visualización guiada es una forma de Meditación dirigida por otra persona, ya sea en "vivo" o en una grabación, y por tanto, por su propia naturaleza, no es lo bastante íntima y silenciosa. La danza del éxtasis te saca de tu Mente por completo y se sabe que lleva a estallidos súbitos de conciencia, pero, como los tambores y los cánticos, utiliza centros focales de la Mente que no se involucran por mucho de modo tan pacífico como lo hace la Mente en la Meditación, cuando el foco está lejos de esos centros y de toda actividad.

De manera que un gran número de personas, la mayor parte del tiempo, ha encontrado que la Meditación es la herramienta más provechosa, constructiva, potente y eficaz para llevar el Alma hacia la Mente.

≈

Hagas lo que hagas, encuentra alguna manera de crear el espacio para que tu Mente y tu Alma se fundan, compartiendo la maravilla de todo lo que eres. La Mente no fue diseñada para funcionar sola.

Tu Mente es una maravillosa parte de ti, y nada que haya sido dicho durante todo este discurso fue con intención de sugerir que la Mente es de alguna forma "menos que" o inferior al Alma. No lo es.

Tu Mente es un aparato brillante, y cumple la función de garantizar tu supervivencia física en esta existencia extremadamente bien. De hecho, inconmensurablemente bien. Aún no entendemos por completo todas las formas en que la mente funciona. Pero *hemos* observado, simplemente al contemplarnos, que la Mente funciona de modo aún más brillante cuando está abierta a fuentes de información —lo que podría llamarse "sabiduría"— no generadas por el recuerdo de sus propias experiencias limitadas, sino por la conciencia ilimitada que radica fuera de la Mente, pero no lejos del alcance de la Totalidad de Ti.

Si la supervivencia fuera tu única preocupación —o incluso tu preocupación primordial—, tu Mente podría ser suficiente para ti para seguir adelante mientras viajas por la Vida. Pero como hemos apuntado antes, la supervivencia no es tu preocupación primordial. No es ni siquiera tu Instinto Básico. No está, por tanto, en la cima de tu agenda. La Completud sí. La Completud del Viaje Sagrado. Y para esto no necesitas sólo a la Mente, sino también al Alma.

Es por eso que la Meditación, la última herramienta aquí estudiada, se recomienda de forma tan vehemente.

También es por eso que se ha escrito todo este este libro. Muy bien podría haberse titulado *El Alma también*. Su señalamiento predominante, que la Mente y el Alma fueron diseñadas para funcionar juntas, es así de importante.

Si vas por la vida utilizando única, o incluso primordialmente, tu Cuerpo y tu Mente, es como conducir un triciclo sobre dos de sus ruedas. Será muy difícil mantener el equilibrio.

37

El primer regalo

Y así, con estas cinco herramientas maravillosas, ahora eres capaz por fin para llevar a tu mente fuera del 98% de las cosas que en realidad no importan en tu vida. Estas incluyen…

Cuánto dinero ganas.

Lo que la gente piensa de ti.

Si tu trabajo está hecho.

Cuál es tu orientación sexual.

Cuántos errores has cometido.

Si tienes planeadas tus finanzas.

Dónde estarás en diez años.

Qué acciones comprar.

Por qué las paredes del comedor deberían pintarse de color crema.

Si es hora de instalar una alfombra nueva.

Qué auto comprar.

Cómo invitar a algunas personas a tu fiesta y no a otras sin herir sentimientos (aun cuando en verdad no los quieres allí).

Dónde almacenar las cajas.

¿Son orgánicas las uvas?

Qué religión seguir.

A qué partido político unirse.

Qué pantalones ponerse con esa blusa.

¿Deberías cortarte el cabello?

Por qué hacer la cama cada día.

Cómo hacer la cama.

Cómo hacer más amigos.

Cómo librarse de las hormigas.

Cómo hacer funcionar el control remoto.

Qué hay para cenar.

De quién es el turno de sacar la basura.

¿Estás teniendo una aventura?

Y las mil otras cosas no mencionadas aquí, pero que pueblan tu Mente cada día de tu vida hasta el punto de que han pasado meses —literalmente *meses*— desde que te preguntaste: ¿Cómo puedo servir mejor a la agenda de mi Alma?

～

Cómo puedes… ¿qué?

"*¿Cómo puedo servir mejor la agenda de mi Alma?*"

"¿Qué rayos es eso? ¿Y qué tiene eso que ver con cómo vamos a pagar la hipoteca? ¡O con el embarazo de Matilda! ¡Santo Dios, saca la cabeza de las nubes!"

～

Y así es como la "vida real" puede interponerse en el camino. Así es como lo que está pasando ahora puede verse como si no tuviera nada que ver con tu viaje eterno. Así es como Todo Lo Que Pasa Afuera puede sentirse como un obstáculo para Todo Lo Que Quiere Ocurrir Adentro. Y no hay manera de que seas capaz de utilizar consistentemente ninguna de las herramientas (si no es que todas) a no ser que primero te des un regalo especial.

> **Un Conocimiento del Alma:**
> Dios quiere para ti lo que tú quieres para ti.

Este regalo antecede a todas las herramientas, y te crea el espacio para que seas capaz de usarlas. Es el primerísimo regalo que debes hacerte en el Viaje Sagrado. Es tu "boleto para viajar".

Mucha gente ha buscado una manera de experimentar la plenitud de quienes son al tomar la Senda del Alma, pero en momentos cruciales de sus vidas se han resistido a abandonar la senda. Saben lo que la senda es, o cuando menos tienen sin duda una idea al respecto, pero pueden haber hallado, en ese momento crítico, que no desean liberar una emoción negativa específica que están experimentando.

O pueden estar listos para liberar su negatividad, pero les resulta difícil rendirse por completo al Propósito Divino y embarcarse con total compromiso en el Viaje Sagrado.

Estas reacciones no son tan raras. La gente a veces puede sentirse "bien" sintiéndose "mal". De modo que el primer regalo que debes darte si quieres alguna de las herramientas que se te han mostrado aquí es muy, muy importante.

Debes estar en posesión de este regalo si es que vas a ver siquiera el *potencial* de cambiar un momento, ya no digamos tu vida, por no mencionar *hacerlo* de verdad, utilizando las maravillosas herramientas que la Vida te ha dado.

El regalo que debes darte es…

VOLUNTAD.

Este es el ingrediente esencial en cualquier experiencia verdaderamente transformativa. Sin ella, nada de lo que hemos hablado aquí será posible. Con ella, lo que hemos descrito aquí y más puede ocurrir.

¿Cómo accede uno a la Voluntad entonces? Es una elección. Es, de manera bastante literal, un *Acto de Voluntad*. Para acometerlo, uno debe tener *poder* de voluntad. Uno debe entender de verdad el significado de la frase "Libre Albedrío", o "Libre Voluntad".

Uno debe *liberar su propia Voluntad*.

Tu Voluntad y la Voluntad de Dios son Una. Esta es otra manera de decir que Dios quiere para ti lo que tú quieres para ti. También es cierto que lo que quieres para ti, en la parte más profunda de tu ser, es lo que Dios quiere para la Divinidad Misma.

La Divinidad y la Humanidad quieren lo mismo —la expresión más elevada de la Vida que es posible y concebible en cualquier Momento dado— porque la Divinidad y la Humanidad *son* lo mismo. Pero tu Voluntad humana puede estar, en cierto sentido, prisionera.

Puedes estar bloqueado, apagado, encerrado, atrapado por tu propio punto de vista, por terquedad para "rendirte" al amor, por el rechazo a usar las Herramientas de la Vida que se te han dado. Puedes, sin duda, construir tu propia celda, entrar en ella y cerrar la puerta detrás.

La gente lo hace todo el tiempo. El Resentimiento, la Ira, el Miedo, la Superioridad Moral y la Estrechez Mental son los caminos que llevan a su propio encarcelamiento.

La gente cree triste y equivocadamente que estas sendas los llevarán adonde más anhelan ir: a un lugar de seguridad.

Eso es en todo lo que cualquiera de nosotros puede pensar realmente cuando se viene del Ser Pequeño. Todo lo que nuestro Pequeñín quiere es seguridad. Queremos protección, al fin, de la Vida. Ya hemos tenido bastante tristeza. Ya hemos tenido bastante sufrimiento. Ya hemos tenido bastante de ser atacados, de ser dejados mal, de vernos abrumados. Ya basta. Basta.

Y así cerramos el puente, nos formamos a la defensiva, cerramos las escotillas, nos retiramos a la fortaleza de la limitada experiencia de nuestra Mente. Cuando menos es terreno común. Cuando menos se siente seguro por el momento. Tal vez no sea divertido, ni muy emocionante ni ofrezca la gloria de la expansión con los brazos abiertos o la alegría del amor a corazón abierto, pero es seguro.

¿Lo es? Pronto, sentados en este búnker mental, descubrimos que no hemos ido a un Refugio, sino a un Encierro. Vemos que a pesar de haber pensado que estaríamos seguros, la gente siempre está furiosa y tiene miedo. La energía de la que tratábamos de alejarnos es la que ahora sentimos más que nunca. (Mientras tanto, la gente que ha "escapado" ahora se siente totalmente segura en brazos de un Amor Más Grande.)

$\sim$

Tal vez no estés en esta prisión ahora mismo. Sería esperable que no lo estés; que al menos un poco de lo que has leído aquí te haya traído suficientes Recordatorios para sacarte de tu prisión. Pero dondequiera que te encuentres ahora mismo, si miras a tu alrededor notarás que la mayoría de las personas no han entendido completamente la frase "Libre Albedrío". Su Pensamiento Actual no se halla combinado con su Conciencia Presente.

Ahora puedes decir siempre si te has deslizado de vuelta a ese lugar. Es cuando tu Pensamiento Actual no está conectado a tu Conciencia Eterna; cuando tu Mente no está combinada con tu Alma. Es cuando tu Pensamiento Actual es negativo.

Si tu pensamiento es negativo, sin duda vienes sólo de tu Mente. Sabes esto porque el Alma, donde reside la Conciencia Eterna, es *incapaz de negatividad de cualquier tipo.* Sabe demasiado. *Es* demasiado. Es *infinita,* mientras que la Mente es finita.

El Pensamiento Actual puede, por supuesto, ser también positivo. No todo el pensamiento es negativo. La Mente puede ser positiva *o* negativa, según (bastante literalmente) el ánimo

LO ÚNICO QUE IMPORTA

del Momento. El Alma, por otra parte, es incapaz de tal duplicidad.

La Conciencia Eterna que surge del Alma, por tanto, jamás producirá energía negativa de ninguna clase. Tu Mente, por otro lado, puede generar una cantidad interminable de ella.

Permanece donde la Mente y el Alma se *reúnen* y la positividad del alma convierte cualquier negatividad que pueda guardar la Mente en algún Momento, utilizando la Gratitud, la Recontextualización, la Compasión, el Perdón y la Meditación.

Estas herramientas hacen que el puro *poder* inspirador de lo positivo rebase la energía extenuante de lo negativo. Pero nada de esto sucederá —*nada de ello*— si no te adentras plenamente en la Voluntad.

Podemos volvernos más y más ligeros.
Podemos sacar de lo insonoro sonido
podemos sentarnos completamente quietos en movimiento.
Podemos abrir cada celda, tanto como pueda abrirse.
¿Cómo, dices? Y me atrevo a decir
por la Voluntad primero.
Luego la fe en lo Increíble.
Por la Perseverancia más allá de tu idea de ella,
luego por capa tras capa de Paciencia.
Ahora la Gracia pasa a través, imprevista.
Ahora, lo Inimaginable. Milagros.
Luego la Oscuridad. El Vientre. Gestación.
Nacimiento. Luego Luz.

Entonces la Voluntad de nuevo...

"Voluntad"
© 2007 Em Claire

38

Un poco más cerca del instinto básico

Queridos Compañeros en el Viaje:

Ningún ser humano quiere simplemente *subsistir*. Queremos ascender hasta la expresión más elevada de nosotros mismos que cualquier momento, y que esta vida entera permita.

Mencionamos esto antes, pero ahondemos en ello un poco más profundamente, porque es importante que tengas una completa enunciación de la motivación que guía tu vida.

Nuestro Instinto Básico no es sobrevivir, sino *revivir*. Revivir el sueño más grande que vive en el interior de todos nosotros. Revivir la idea más grande que hayamos tenido jamás acerca de nosotros mismos. Revivir la *verdad original* que guardamos acerca de Dios, que es que Dios quiere sólo lo *mejor* para nosotros, y nos da sólo lo mejor, y ve sólo lo mejor *en nosotros,* y tiene *guardado* para nosotros... *nada más que Lo Mejor.*

Toda esta vida no es para redimirnos del Pecado Original y nunca lo ha sido, es para reclamarnos a nosotros mismos con *Verdad Original.*

La Vida es *lo mejor,* y la hemos hecho parecer *lo peor.* Dios es *lo mejor,* y lo hemos hecho parecer como si fuera *lo peor.* O cuando menos, *lo más temible.* El que más *juzga.* El que más *condena* y *maldice* y *castiga.* El más *vengativo* y *rencoroso.*

Vaya. No sorprende que los seres humanos crean que es "bueno" ser una "persona temerosa de Dios". Vaya.

Pero todos somos tan puros como niños pequeños, vagando por allí con inocente confusión, sin saber, sin recordar, quiénes somos realmente; sin entender y sin escuchar qué es lo que de verdad pasa.

Podemos ignorar nuestro Instinto Básico si queremos, pero no podemos afirmar que no está ahí. Vive dentro de todos nosotros. *Nuestro* anhelo por lo mejor *en nosotros* es lo que nos motiva a todos. Es lo que puede aportar satisfacción a un simple juego de *Solitario*, por todos los santos. O alegría a una ronda de golf en solitario. O la superación de un mal hábito. O la mejora de la reacción propia ante una persona o un evento desafiante.

Se trata de *vencerte a ti mismo;* mejorar tu propio último mejor esfuerzo. Se trata de ser *mejor de lo que nunca hayas sido antes*, sin necesidad de nadie alrededor para saberlo, y mucho menos para competir.

No se trata de competir, se trata de REPetir: hacer la Vida una y otra y otra vez hasta hacerla mejor de lo que lo hayas hecho jamás, ¡o como nunca pensaste que podrías!

Esto es de lo que se trata la vida, y la *Vida eterna* también: de darte una oportunidad tras otra para Mejorarte A Ti Mismo.

(Y por favor advierte —por *el amor de Dios*, por favor adviérte— que esto *no* es lo mismo que hacer algo una y otra vez hasta "hacerlo bien". Esto no se trata de que sea Bueno o Malo. Esto se trata de ser *cada vez mejor*. Esto se trata de acercarse cada vez más a la Completud.)

∽

El impulso fundamental de todo ser humano es lo que hemos llamado en estas páginas "la Divinidad", pero puedes llamarlo como quieras. La más elevada expresión de la Vida. La más grande expresión del Ser. La más grande expresión de Ser.

Es, al final, Lo Único Que Importa porque de verdad *es* Lo Que Uno Desea: el Uno que eres tú, y El Uno que es Uno *contigo*.

Es por lo único que vive la gente, e irónicamente, es a lo que el mayor número de personas ponen la menor cantidad de atención.

Y así, te das a ti mismo los Recordatorios que has encontrado aquí, porque ahora ves que si no *sabías* acerca de estas cosas, si no te habías recordado acerca de La Agenda del Alma, el Viaje Sagrado y el Propósito Divino, nunca te alejarás de la lucha y el sufrimiento; nunca tendrás una vida verdaderamente alegre, maravillosa, emocionante y satisfactoria.

Ahora ves que la intersección entre el Pensamiento Actual y la Conciencia Eterna es el cruce de caminos de la Mente y el Alma, la conexión de la Experiencia y la Conciencia. El truco es *permanecer en la intersección, estar centrado,* sentir la combinación de La Totalidad de Ti, sumergirte en la mezcla de Cuerpo, Mente y Alma, y por esta sola decisión vivir la vida como un ser humano Completo.

39

Una última pregunta, una última respuesta

Tal vez ya hayas experimentado todo esto. No es que este libro te proporcione esa posibilidad por primera vez, pero como ya mencionamos antes, ha sido desafiante para muchas personas mantener esta conexión con lo Divino, permanecer en ese lugar *centrado* entre la Mente y el Alma, aun si utilizan la herramienta de la Meditación.

La vida diaria sigue interponiéndose en el camino. Haciendo alboroto. Causando revuelo. Y así llegamos a una última pregunta: ¿cómo podemos estar "centrados" cuando, en los muchos momentos entre nuestra meditación, la llamada "vida real" *puede,* de hecho, crear un obstáculo?

La respuesta es que tienes que encontrar una manera de volver a ese campo resonante que visitaste durante tu Meditación y que experimentaste al usar las herramientas de la Gratitud, la Recontextualización, la Compasión y el Olvido del Perdón que se te mencionaron aquí.

Con la Voluntad como el *primer* regalo que te das a ti mismo, puedes encontrar esa manera. Puedes fusionar espontáneamente lo que la mensajera espiritual y visionaria Barbara Marx Hubbard llamó tu "Ser Local" y tu "Ser Espiritual". Existe un campo resonante creado por ambos, donde los dos existen de forma colaborativa, y Barbara dice que puedes *sentir* esa resonancia. En el lenguaje humano ella lo llama "amor".

Cuando experimentes que la vida diaria "se interpone en el camino", cuando te encuentres atrapado en pagar cuentas, manejar un negocio, haciendo feliz a todo mundo, cumpliendo plazos de entrega y haciendo lo que tienes que hacer para sortear el día —y en especial cuando encuentres una persona que está siendo difícil (o te sorprendas *a ti mismo* siendo difícil)—, tal vez quieras hacer lo que Barbara:

"Pongo la mano sobre mi corazón", dice, "hasta que siento el amor."

Primero sentirás amor por ti mismo debido a todo lo que haces, y tratas de hacer, para mantener todos los platillos en el aire, todas las promesas que te has hecho a ti mismo, y por la persona genuinamente buena que sabes que eres en tu corazón.

Sentirás amor por otras personas porque entenderás a plenitud que la persona frente a ti tiene su propio momento difícil, y que los demás en el mundo están atendiendo sus propios retos, enfrentando sus propios dilemas y que todos ellos son completamente buenos en su núcleo, tal como lo eres tú, deseando sólo lo mejor y muy inseguros de cómo generarlo.

Sentirás amor por la Vida Misma por su maravilloso proceso de Repetición Confiable, que te da una oportunidad tras otra para tomar la siguiente decisión más grande acerca de ti mismo y crear la siguiente experiencia más grande de tu ser.

Y te enamorarás de Dios por la magnificencia y maravilla y la gloria de la Divinidad, y por *dejarte entrar en ella,* por darte una "parte de la acción", por tu eterna conexión con tu Ser Universal, y por tu Unidad con lo Divino.

Si te concedes sólo un brevísimo momento, cierra los ojos, da un respiro, pon tu mano sobre tu corazón y entra en la resonancia; *sentirás,* no sólo conceptualizarás, que tu Cuerpo, Mente y Alma son Uno, y que La Totalidad de Ti y El Todo de Todo son Lo Mismo.

Pero tienes que estar dispuesto. Tienes que haberte dado a ti mismo, y recibir, el regalo de la Voluntad.

≈

Mira a tu alrededor, y verás que mucha gente no lo está. Su Pensamiento Actual no está combinado con su Conciencia Presente, ni mucho menos con su Conocimiento Eterno del Alma, y podrían llamar a todo esto nada menos que "un galimatías del New Age".

"Dios es la respuesta", podrían incluso decir algunos de ellos, pero luego insistirían en hacer de Dios una Deidad iracunda, violenta y vengativa, dando a los humanos el pretexto perfecto para ser iracundos, violentos y vengativos con los demás.

Otros dirán que "Dios" no existe, que la religión tradicional tanto como el llamado Nuevo Pensamiento están equivocados, y que no hay recurso alguno en forma de Divinidad que esté abierto para encontrar asistencia y guía en cualquier nivel.

> **Un Conocimiento del Alma:**
> Si tu pensamiento es negativo, es el trabajo de tu Mente Sola.

En ambos casos, este es el mayor error que haya cometido la Humanidad al apreciar su realidad. Hay una sola frase que resume el mensaje entero de *Conversaciones con Dios* en cuatro palabras. Este es el mensaje de Dios para el mundo: "Me han entendido mal".

Si no creemos en Dios, ni en la existencia del Alma humana, nos quedamos con el limitado instrumento de nuestra Mente. Se ha afirmado aquí repetidamente que esta vida no tendrá sentido alguno en absoluto para nuestra Mente.

Sólo con el conocimiento y la sabiduría y la eterna claridad del Alma *sumados* a los puntos de referencia experiencial de la Mente podemos saber si lo que ocurre en nuestra vida, y en este planeta, tiene sentido. Y sólo con esta combinación de la Mente y el Alma puede la perspectiva propia agrandarse lo suficiente para encontrar esperanza en lo que de otro modo sería un mundo en apariencia desesperado.

El mundo sigue hoy necesitado de sanación, necesitado de ayuda, necesitado de ser recreado, si —y sólo si— la manera en que ahora se presenta no es un reflejo de quienes somos. Si queremos mantener las cosas como están, entonces el mundo no "necesita" nada. Sólo si vemos un mundo que no nos representa (es decir, re-*presenta),* "necesitamos" recuperar el inmenso poder que Dios y nuestra Alma nos proporcionan y lo empleamos en modificar nuestra experiencia de vida.

$\backsim$

Es de observar que el mayor número de personas no tienen acceso a ese poder. No se han acercado a la intersección de Mente y Alma. Algunos podrían no saber siquiera de este campo resonante. O, si saben que existe, quizá no sepan cómo llegar allí. O, si han llegado allí, se han retirado hasta su Mente, porque les era territorio conocido.

El resultado es que millones de personas albergan ideas negativas en su Pensamiento Actual. Sin duda observas esto a tu alrededor. Escuchas, en redes sociales y en los medios de todo el mundo, declaraciones como…

Vamos hacia el desastre total.

La calamidad global está en el horizonte.

El colapso del sistema es inevitable.

La vida no es sino una lucha interminable.

Las cosas sólo se pondrán peor.

No hay posibilidad de que nada mejore. Ninguna.

No puedo sobrevivir a nada de esto y ser feliz en este mundo.

No estoy seguro de querer siquiera estar aquí.

No estoy seguro de querer vivir siquiera.

~

Como los seres humanos de cualquier lugar se descubren ahora profundamente inmersos en este entorno, incluso algunos que por lo regular son optimistas han comenzado a gravitar en torno a estas ideas.

Y "gravitar" es la palabra correcta, pues es una fuerza gravitacional que nos jala a todos hacia abajo, de modo que vemos sólo la gravedad de la situación y la grave naturaleza de lo que suponemos será nuestro único futuro posible, el cual podría llevar a cualquiera a suplicar la muerte misma.

Pero puedes elegir no gravitar, sino elevar.

Puedes elegir elevar tu pensamiento, elevar tus declaraciones, y elevar tus expectativas por medio de la elevación de tu ser interior hasta tu Conciencia Eterna, donde claramente ves lo que la *Conciencia Amplia* pone ante ti.

Y lo ves no como el fin de algo, sino como el principio de todo. Ciertamente, de todo lo que de verdad importa. Pues incluso si la totalidad de nuestro mundo exterior se "derrumba", lo que no va a ocurrir... pero aun si nuestros sistemas económicos colapsan por completo, y nuestros sistemas políticos se hunden por completo, y nuestros sistemas religiosos se desintegran de pronto, y aun si cada sistema social se desintegra, aún estaremos *nosotros*. Y de modo fascinante, ya no estaremos separados, porque *todo estaremos en el mismo barco.*

Con la disolución de nuestros *sistemas* vendrá la de nuestras *separaciones*. Ya no veremos al otro como rico o pobre, ya no importará si somos demócratas o republicanos, las etiquetas de liberal o conservador, cristiano o judío, musulmán o hindú ya no tendrán poder para separar. No importará si somos blancos o negros, homosexuales o heterosexuales, hombres o mujeres, jóvenes o viejos... y veremos, en realidad —*veremos* al fin— que todos estos "sistemas" que instalamos para hacer un mundo mejor no hicieron otra cosa sino *separarnos.*

Todo lo que pasaría es que nuestras diferencias artificiales se disolverían, nuestras separaciones desaparecerían, nuestra "superioridad" imaginada sería desechada de manera irrisoria, y nuestra incapacidad para comprometernos incluso con las más pequeñas cosas se evaporaría al instante mientras luchamos juntos para construir un nuevo mundo.

Si venimos desde la sabiduría de nuestra Alma, ese nuevo mundo probablemente incluiría:

1. La aceptación, por fin, de la verdadera identidad de todos los humanos como un aspecto y una individualización de la Divinidad.

2. La adopción por parte de cada vez más personas —al final, millones— de la verdad de la Unidad de toda la vida y de la humanidad.

3. El entendimiento de por qué estamos aquí en la Tierra; claridad en cuanto a la Agenda del Alma.

4. El fin de la pobreza, de la muerte por hambre y la explotación masiva de la gente y los recursos de la Tierra a manos de aquellos en posiciones de poder económico y/o político.

5. El fin de la destrucción sistemática del ambiente del planeta.

6. El fin de la dominación de nuestra cultura por un sistema económico con raíces en la competencia por encima de la cooperación y en la búsqueda continuada del crecimiento económico.

7. El fin de la interminable lucha por Más Grande/Mejor/Más.

8. El fin de todas las limitaciones y discriminaciones que retienen a la gente, ya sea en sus casas, en el lugar de trabajo… o en la cama.

9. El otorgamiento, al fin, de una oportunidad —una que es verdaderamente equitativa— para todas las personas de elevarse hasta la más alta expresión del Ser.

10. No la puesta en marcha de ajustes a nuestros sistemas sociales en aras de la "corrección social", sino como una demostración viva y sobre el terreno de quiénes somos en realidad y quiénes elegimos ser como especie.

Generaríamos también una nueva clase de liderazgo sobre nuestro planeta. No líderes que digan "El nuestro es el mejor camino. Nuestra filosofía política, nuestra persuasión religiosa, nuestra orientación sexual, son *mejores* que los tuyos, ¡así que síguenos!", sino líderes que digan "El nuestro no es el mejor camino, sino simplemente otro camino. Pero si caminamos juntos, si todos *trabajamos* juntos, si todos *jalamos* juntos, podemos crear una manera de *hacer* las cosas mejores para *todos* nosotros —negros *o* blancos, homosexuales *o* heterosexuales, jóvenes *o* viejos, hombres *o* mujeres— porque todos estamos juntos en esto. Nada nos separa excepto aquello a lo que le permitimos interponerse entre nosotros simplemente por un pensamiento que tenemos en la cabeza, un pensamiento que probablemente no fue siquiera nuestra propia experiencia, sino que fue tomado de *algún otro lado.*

Encontraríamos que nuestras diferencias no tienen que generar divisiones, nuestros contrastes no tienen que crear conflictos, nuestras aspiraciones no tienen que generar castigos.

En pocas palabras, crearíamos una nueva forma de ser humanos.

40

Deja que tu alma te hable

Querido y Generoso Amigo del Alma: *Eres* generoso, sabes, y has sido generoso aquí con tu tiempo y tu paciencia. Has dejado que algunas nociones se repitieran y reafirmaran, creando énfasis en los puntos de esta exploración que *merecen* énfasis.

Es mucho lo que se te ha recordado aquí, y mucho podría haberse perdido de haberlo tocado sólo fugazmente. Así que gracias por esa generosidad. Aquí se ofrece, pues, un pensamiento final.

～

Hay millones de ellos. Millardos de ellos. *Billones* de ellos. Se llaman Momentos. Hilados juntos, se llaman una Vida.

Ni un solo Momento tiene una duración establecida. Puede durar un segundo, un minuto, una hora. O mucho más que eso.

Pero hay algo inusual, algo único en cuanto a los Momentos Más Importantes: mientras más duran, más cortos parecen; mientras menos duran, más largos parecen.

Si has pasado alguna vez una tarde dando un último adiós a un ser muy amado, sabes que los minutos pasan, oh, demasiado aprisa. Si has pasado unos segundos mirando profundamente en los ojos de tu amor, sabes que el tiempo puede detenerse.

Así, unos cuantos segundos pueden parecer una hora, y una hora parecer unos cuantos segundos. Es su *contenido* lo que produce nuestra experiencia de su duración.

En cualquier forma que se experimenten, sin embargo, los Momentos vienen y se van antes de que lo sepas, y entonces se llaman Recuerdos. Quedan grabados en tu memoria. Son tuyos durante una vida, y nadie puede quitártelos.

Tampoco puedes librarte de aquellos que no deseas conservar.

Los Momentos que pronto se volverán Recuerdos están sucediendo ahora mismo, mientras lees esto, y a lo largo de todos ellos —los lentos y los oh-demasiado-rápidos, los buenos y los no tan buenos, los divertidos y los que aburren o apesadumbran—, hay una sola cosa que importa.

Como la mayoría de la gente no sabe qué es, no lo encuentran. Momento tras Momento tras Momento, no lo encuentran. Después de algunos años se percatan de esto, pero para entonces es muy tarde. Nada puede hacerse respecto de los Momentos que han pasado.

Pero hay buenas noticias. Algo *puede* hacerse respecto del Momento que *viene*. Y respecto del que le seguirá. Y los cientos más que llegarán este día. Y los miles más que aparecerán esta semana. Y los millones más que ocurrirán este mes. Y los miles de millones que sucederán este año. Y los billones más que se presentarán antes de que uno muera.

Sí, acerca de esos algo puede hacerse. Y mientras contemplas *qué* puedes hacer y lo que *quieres* hacer acerca de aquellos en tu vida, sabrás una sola cosa. Lo que *no* quieres hacer es *desperdiciarlos*. Ya no. No, ya no.

~

A partir de ahora, puedes hacer un compromiso interior de tener "visitas" frecuentes con tu Alma. Utiliza las herramientas aquí ofrecidas si crees que se sentiría bien hacerlo. Ve al lugar, y vuelve del lugar, donde tu Mente se encuentra con tu Alma tan a menudo como puedas. Este es el lugar de la Autorrealización al cual te llama Lo Divino. Parecerá que desde este lugar te "llegan" ideas cada día. A veces puedes crearlo de modo que "parezca" que estas fuentes están afuera de ti, y a veces te permitirás experimentar que hay Sólo Una Fuente, y que habla como tú desde tu interior.

En particular cuando experimentes la Fuente Única viniendo desde adentro, mantén un registro de lo que "escuchas": escribe las palabras que te llegan. Un diario de estas percepciones te resultará invaluable después, tal vez incluso *momentos* más tarde, apenas un respiro luego de ponerlos por escrito, y en algunos casos años después, cuando vuelvas a tu diario y lo abras justo en el lugar correcto exactamente en el momento adecuado.

En la segunda parte del Apéndice de este libro hay una pequeña muestra de la clase de mensajes que pueden llegarte. Estos pueden parecer —tal como todo este libro— como venidos de una Fuente afuera de ti mismo. Son un ejemplo de lo que puede pasar y pasará a través de ti cuando, con la Voluntad como la energía que te guía, invites a entrar en tu Mente tu propia sabiduría del Alma.

~

Nuestra exploración aquí ahora ha terminado, y tus propias exploraciones acaban de empezar, en un nuevo nivel. Experimenta con lo que has recordado aquí. Adéntrate a vivirlo en su riqueza y plenitud.

La gente en verdad espiritual —gente que se ve a sí misma como más que simples criaturas químicas, más bien como seres espirituales que se han situado a sí mismos en la Tierra por razones especiales y específicas relacionadas con hacer mucho más que sólo sobrevivir— son determinadas, comprometidas, emprendedoras, motivadas, con aspiraciones y profundamente resueltas. Quieren vidas "rebosantes de significado" (para tomar prestada una maravillosa frase de Karen Armstrong en *En defensa de Dios*).

Ve si tu vida está ahora rebosante de significado o de lucha. ¿Ves en los eventos cotidianos oportunidad u oposición? ¿Hay alguna posibilidad de que tu vida pueda cambiar para mejor, sin importar cuán "buena" o "mala" pueda ser ahora?

Si crees que esa posibilidad no existe, que la vida es una faena tras otra y es así como es, sin duda la has experimentado así por mucho tiempo, pues no ves conexión entre tus declaraciones y tus manifestaciones. Recuerda esto: la Vida siempre te compensará.

Pero si crees que, sí, sin duda hay una posibilidad de que la vida pueda cambiar para mejor, y volverse menos una lucha, ¿qué crees que podría hacer que sucediera?

"¡No lo sé!", podrías exclamar. "¡He estado haciendo todo lo que puedo! ¡Le he rogado a Dios que me ayude! ¡Pero Él sigue enviándome cosas!"

Efectivamente.

La sugerencia aquí es que trataras de ver cada uno de los eventos y circunstancias de la vida como oportunidades "enviadas" para la expresión y la experiencia de la parte más grande de ti, la parte de ti que es Divina.

Verás, si "ruegas a Dios que te ayude", ese es tu anuncio de que lo necesitas. Y tu anuncio de que lo necesitas genera la experiencia exacta que anuncia. Pero si no ruegas a Dios que te ayude, sino le *agradeces* por ya haberte ayudado —ayudarte a cumplir tu propósito mismo para estar aquí—, entonces *cambias por completo la energía en tu vida al otro extremo*. Enfrentado de esta manera, con gratitud, con compasión por ti mismo, y con profundo entendimiento, cada evento puede ser una bendición. Podrías incluso hacer de ese tu nuevo mantra: Cada Evento, una Bendición.

Hay un milagro esperando aquí. El milagro es que este cambio en tu pensamiento acerca de lo que ocurre ahora —esta...

esta *recontextualización... de los momentos de tu vida*— puede tener un efecto no sólo en esos precisos momentos, sino en tus momentos futuros también. Pues la vida es una copiadora que saca duplicados fieles de lo que pones en ella. Si ves los acontecimientos de hoy no como oportunidad, sino como oposición, los eventos del mañana comprobarán tu teoría. La Vida quiere que recibas lo que quieres recibir, y lo que quieres recibir lo anuncia exactamente lo que declaras estar recibiendo ahora. Esto lleva a la pregunta clásica: ¿qué fue primero, el huevo o la gallina? Y la respuesta es: Sí.

Ahora puedes mirar hondo, muy hondo dentro de ese enigma, o perder la paciencia y mantenerte al margen de él. Pero es dentro del enigma de la Vida que el enigma de la Vida se resuelve. Es al mirar directo al rompecabezas que se encuentra la pieza que falta.

Pero no creas esto simplemente porque está escrito aquí. Observa tu propia vida de cerca. Y, si eliges recontextualizar tu experiencia como aquí sugerimos, ve si no encuentras cuando menos un poco más de paz.

Luego, desde este lugar de mayor paz interior, emprende una tranquila exploración de cómo los momentos de tu vida podrían empezar a cambiar aún más si hicieras la pregunta clave de la vida en cada instante de decisión a lo largo de tu día:

> *¿Cómo contribuye lo que estoy haciendo*
> *ahora mismo a la Agenda de mi Alma?*

De cuando en cuando, replantea la pregunta si sirve de algo. Cuando te encuentres yendo por la vida respondiendo ajetreadamente a las exigencias del día, o tal vez ocupado reaccionando a una persona o situación que quizá no te parezca de lo más agradable, pregúntate esto acerca de tu respuesta:

¿Qué tiene que ver esto con mi Viaje Sagrado?
¿A qué parte de mi Propósito Divino contribuye esto?

Y por último, en cualquier momento durante tus días y noches, mientras observas el mundo y te experimentas dentro de él, podría resultarte maravilloso preguntar en voz baja:

¿Cómo elijo que la Divinidad se exprese a través de mí
en la siguiente manera más grande en este momento?

⁓

Sabe esto por favor ahora mismo: has estado sirviendo de manera espléndida a La Agenda del Alma y El Propósito Divino desde que empezaste a leer este libro. Se ha dicho varias veces, y terminaremos diciéndolo una más: No llegaste aquí por accidente. No encontraste este libro por casualidad. Esto no quiere decir, sin embargo, que estuviera garantizado que lo leyeras, y mucho menos que siguieras sus sugerencias.

Siempre, siempre posees Libre Albedrío.

El hecho de que tomaras la decisión de entregarte estos recuerdos a ti mismo, e incluso te entretuvieras por un rato con la idea de que tú —o una parte de ti, al menos— en realidad escribieras este libro, dice muchísimo acerca de quién eres, la clase de persona que has elegido ser y la clase de regalo que entregas a cada persona en tu vida.

¡Qué afortunados de conocerte!

⁓

Ahora bien, como tu siguiente expresión de Libre albedrío, estás invitado a mirar hacia adentro y anunciar y declarar *para ti mismo* qué es Lo Único Que Importa. Se dijo aquí que es Lo Que Uno

Desea, y que Lo Que Uno Desea es que tú experimentes (como todo en la Vida) la más elevada expresión posible de la Divinidad en cualquier Momento Presente.

Pero hay una respuesta más elevada que esa. Hemos esperado hasta este momento para entregártela. Es una respuesta mucho más profunda para ti, mucho más verdadera, y mucho más específica que cualquiera que hayas leído aquí hasta ahora. Encontrarás esa respuesta en las páginas que siguen.

Oh. Un comentario final. En esas páginas, como en todo en la Vida, encontrarás sólo lo que viertas allí. Así que estás invitado a asumir, por favor, una vez más, el papel del autor de este libro. Toma una pluma y por favor termina este libro con tu propia escritura, exactamente como desees. Pues al final, Lo Único Que Importa es lo que tú decides que es Lo Único Que Importa. Así que proporciona tu propia respuesta, en tus propias palabras, a la pregunta: ¿Cuál es tu verdad acerca de Lo Que Uno Desea? Esta será una maravillosa referencia para ti días, semanas, meses o incluso años a partir de ahora.

Bien.

Y muy bien.

Ahora, recuerda siempre: de hecho, de todos los Recuerdos ofrecidos aquí, que este sea el que guardes como el más importante: Eres una bendición.

Has sido una bendición para mucha, mucha gente. Has tenido más gestos amables, grandes y pequeños, para con más gente en tu vida de lo que puedas recordar. Pero esos gestos amables *son* recordados. Están integrados en los corazones de todos aquellos que los recibieron de ti, y están escritos en las alas de todos los ángeles del cielo. Es lo que hace que los ángeles vuelen.

Cuando mires a lo alto en tu último momento sobre la Tierra, recuerda esto y entonces contempla a esos ángeles. Pues ellos volarán directo hacia ti, llevándote de vuelta toda la energía de cada gesto amable que ofreciste alguna vez a otro. Pues esta es la energía más pura, y es la energía que utilizarás para volver al Hogar.

Pero eso no es ahora. No en este preciso Momento. Por ahora, sabe que sí, sí, tú eres El Regalo. No hay confusión alguna. Tu vida ha sido un testimonio de ello, mucho más de lo que pudieras imaginar. Pero espera. Sólo espera hasta que toda tu bondad sea sumada. Entonces te será claro. Entonces sabrás lo que Dios sabe ahora: que eres el Bienamado de Dios, y has dado bendiciones a los demás cada una de las veces que has tenido un gesto amable, sin importar su pequeñez.

Cada.

Una.

De.

Las.

Veces.

Y ahora Dios espera para darte el mayor abrazo para agradecerte por esto; por bendecir las vidas de tantos otros tantas veces de tantas maneras, permitiendo a la Divinidad Misma ser manifestada tal como Dios lo planeó, en la Tierra como en el Cielo.

Dios te dará ese abrazo ahora mismo si le permites hacerlo. Pon la mano sobre tu corazón ahora mismo. Es esto, como en todas las cosas, Dios debe trabajar a través de ti. Así que coloca con suavidad la mano sobre tu corazón mientras lees esto.

Luego siente el abrazo.

Ahí lo tienes.

Ahí lo tienes ahora.

Estás Completo.
Estás en el Hogar.
Sin haber tenido que ir a ninguna parte.
Pues es verdad…
El Hogar *está* donde el corazón.

Que las bendiciones continúen fluyendo hacia ti, y a través de ti, todos los días de tu vida. Y que vuelos de ángeles canten en tu descanso.

Epílogo

La serie de libros Conversaciones con la Humanidad plantea ante la población de nuestro mundo un punto de vista particular y específico acerca de la Vida y cómo es, para invitar luego a aportar contribuciones, ideas y comentarios de toda clase acerca de ese punto de vista, con el fin de que la propia humanidad re-escriba su Historia Cultural.

Es claro que la historia que estamos viviendo ahora, individual y colectivamente, sobre el planeta, no está funcionando para el mayor número de nosotros (ni siquiera remotamente).

Si queremos modificar nuestra experiencia diaria durante el tiempo que cada uno pasamos en la Tierra, nos resultará enormemente provechoso comenzar a poner atención a Lo Único Que Importa. Esto se ha señalado de manera repetida en la serie de libros Conversaciones con Dios, en la que se basa todo el material del presente volumen, incluido el mensaje de que te lo has entregado a ti mismo utilizando el "truco" metafísico de hacerlo parecer como si hubiera sido escrito por "alguien más".

Si deseas continuar tu interacción con esta parte mayor del Ser que forma la comunidad llamada humanidad sobre la Tierra, puedes hacerlo diariamente en el portal de internet con la dirección...

www.cwgtoday.org

Allí tendrás oportunidad de ingresar en una animada Conversación Global que tiene lugar a diario acerca de los temas explorados aquí, para unirte a personas de todo el mundo en la búsqueda por crear la Unidad como experiencia de alcance mundial por medio del trabajo de Humanity's Team, compartir los mensajes transformadores de la vida que has encontrado aquí mediante el programa de escolarización en casa de Conversaciones con Dios para Padres, y aprender más acerca de cómo aplicar los principios de Conversaciones con Dios en tu experiencia diaria por medio de programas de la Fundación Conversaciones con Dios y la Villa CcD.

Quizá más importante, si enfrentas un desafío importante en tu vida o dificultades ahora mismo y quieres asistencia o guía espiritual inmediata, encontrarás eso también en este portal. Sólo busca la CWG Healing Community, el servicio ministerial de la extensión global de Conversaciones con Dios.

Hace algunos años nos fue dado un libro llamado *En Casa con Dios. Una vida que nunca termina.* En él, Dios participa en un diálogo acerca de lo que ocurre al final de la presente vida física, y más allá. Como parte de ese estudio, se hizo una pregunta acerca de cómo "sería" nuestro mundo si todos revisáramos más de cerca lo que sabemos muy hondo en nuestro interior que es verdad acerca de nosotros mismos y de la Vida.

Mucho de lo ofrecido allí se relaciona directamente con lo mostrado en estas páginas. Como Epílogo al presente texto, ofrecemos este extracto en el que la sabiduría Divina se nos ofrece en las palabras de Lo Divino. El extracto aborda un asunto que los lectores de material como el que te has entregado aquí mencionan con frecuencia. "Ya he oído esto antes", dice la gente. "Dime algo nuevo."

Aquí, de *En Casa con Dios,* está una respuesta a eso, en forma de un diálogo entre un ser humano y Dios.

Dios habla primero…

∽

Ahora puedes decir que has oído todo esto antes, pero que no estás actuando en consecuencia.

Por eso sigues diciéndote a ti mismo esto una y otra vez.

¿Qué "consecuencia" tendría eso si *estuviera* "actuando en consecuencia"?

Si realmente entendiera esto y no necesitara que esta conversación volviera a lo mismo una y otra vez sobre lo que "pienso" que ya sé, ¿qué consecuencias tendría eso?

En primer lugar, nunca volverías a guardar pensamientos negativos en tu mente.

Segundo, si sucediera que se te *colase* un pensamiento negativo, lo sacarías de tu mente de inmediato. Pensarías en otra cosa, deliberadamente. Simplemente *cambiarías de idea sobre eso*.

Tercero, empezarías no sólo a comprender Quién Eres en Realidad, sino a honrarlo y a manifestarlo. Es decir, pasarías de lo que Conoces a lo que Experimentas como medida de tu propia evolución.

Cuarto, te amarías a ti mismo plenamente, exactamente como eres.

Quinto, amarías a los demás plenamente, exactamente como son.

Sexto, amarías la vida plenamente, exactamente como es.

Séptimo, le perdonarías todo a todo el mundo. (Y ahora añadiríamos: no teniendo que perdonar a nadie nunca.)

Octavo, nunca volverías a herir deliberadamente a otro ser humano, emocional o físicamente. Y muchísimo menos harías esto alguna vez en nombre de Dios.

Noveno, nunca jamás harías duelo por la muerte de una persona, ni siquiera un momento. Podrías hacer duelo por tu pérdida, pero no por su muerte.

Décimo, nunca tendrías miedo de tu propia muerte ni harías duelo por ella, ni siquiera un momento.

Undécimo, serías consciente de que todo es vibración. *Todo*. Y entonces le prestarías mucha más atención a la vibración de todo lo que comes, de todo lo que te pones, de todo lo que miras, lees o escuchas y, lo más importante, de todo lo que piensas, dices y haces.

Duodécimo, harías lo que hubiera que hacer para ajustar la vibración de tu propia energía y la energía vital que estás creando a tu alrededor si descubrieras que no está en resonancia con el conocimiento más elevado que tienes sobre Quién Eres y la experiencia más grande de esto que te puedas imaginar.

Disculpa, pero ¿cómo sucede todo esto? Por ejemplo, ¿cómo me puedo volver "conocedor" de la "vibración" de una prenda de vestir, o de una comida en la lista en una carta, por no decir de algo que esté pensando, diciendo o haciendo?

Realmente es muy simple. Sintonízate con cómo te sientes.

Ahora puedo ver con toda claridad a alguien diciendo: "Hombre, esto es jerga de la nueva era: *ponte en contacto con lo que sientes*".

Los que lo vean como una jerga, lo experimentarán como una jerga. Los que lo vean como sabiduría abrirán la puerta a un mundo completamente nuevo.

¿Alguna sugerencia para hacer eso?

Es simplemente una cuestión de enfoque. La mayor parte de los seres humanos se enfoca la mayor parte del tiempo en cosas que realmente no importan. Sin embargo, si se tomaran unos momentos cada día para enfocarse en lo que importa, podrían cambiar su vida entera.

(Nota insertada en 2012: ¡Recibimos esto en el diálogo anterior hace muchos años!)

Tu cuerpo es un instrumento magnífico de receptores de energía altamente sensibles. Lo creas o no, puedes pasar la mano a diez centímetros de la comida expuesta en un bufé y, sin tocarla, sentir si es beneficioso para ti comer eso ahora mismo. Puedes hacer lo mismo con la ropa que estás eligiendo del armario para ponerte ese día, o que estás considerando comprar en una tienda.

Cuando estás con otra persona, si dejas de escuchar lo que estás pensando y empiezas a escuchar lo que estás sintiendo, la calidad de tu comunicación con esa persona subirá drásticamente, al igual que la calidad de la relación misma.

Cuando estás confuso y perplejo y buscando que el universo te dé respuestas, si simplemente desconectaras la parte de ti que desesperadamente quiere entenderlo todo y conectaras la parte de ti que sabe que tiene acceso a todas las respuestas —si dejaras de tratar de decidir qué *hacer* y empezaras a elegir qué deseas *ser*—, verías que los dilemas se resuelven y las soluciones aparecen mágicamente ante ti.

En cuanto a medir las vibraciones de los pensamientos o las palabras, hay muy poca gente en realidad que no pueda decirte si se está sintiendo ligera o pesada en relación a algo que está pensando o diciendo. La mayoría de la gente puede determinar esto bastante rápido.

Sí, pero —y aquí está el asunto— *muy poca gente lo hace alguna vez.* Por lo menos eso es lo que he observado. Yo, el Cielo lo sabe, ciertamente apenas lo hago.

Entonces quizá quieras empezar.

Porque tienes razón, muy poca gente usa sus habilidades intuitivas y psíquicas para profundizar en sí misma y ponerse en contacto con lo que siente antes de pensar o decir o hacer algo. Muy poca gente incluso lo hace después. Si hicieras eso no te permitirías quedarte satisfecho con nada menos que con la verdad. No tendrías nada que ver con algo que tuviera vibraciones pesadas. Buscarías aligerar la vibración de cualquier cosa que observaras, crearas, experimentaras y expresaras. Llamarías a esto "iluminación" y verías resultados extraordinarios en poco tiempo.

Fin del extracto.

Es la esperanza que tú escuches, fuertes y claros, los mensajes que te has dado a ti mismo en la lectura que has hecho aquí. Que experimentes las bendiciones de Dios fluyendo hacia ti, y *a través* de ti, todos los días de tu vida.

NEALE DONALD WALSCH
Ashland, Oregon
Septiembre, 2012

Apéndice

NOTA: El material de la Sección 1 del Apéndice está adaptado de su publicación original en el libro *El cambio está en ti* (Editorial Aguilar). Ofrece una mirada a cuatro diferentes tipos de Meditación.

~

Aunque no hay una forma de meditación que sea "mejor" que otra, la llamada "meditación sentada" es la más familiar para la mayoría de la gente y de la que más quiere saber. Así que la gente que busque hacer una conexión entre su Mente y su Alma puede adoptar la práctica de la meditación sentada dos veces a día, 15 minutos cada mañana y 15 minutos cada noche.

Intenta, si es posible, definir una hora fija para hacerlo. Luego ve si puedes mantenerte en ese horario. Pero si no puedes seguir un programa fijo, cualquier hora es buena mientras sea dos veces al día, temprano y por la noche.

Cuando medites tal vez quieras sentarte al aire libre, si está agradable y cálido, permitiendo que el sol de la mañana te bañe o que las estrellas brillen sobre ti. Adentro puedes sentarte cerca de una ventana y dejar que sol del amanecer caiga sobre ti y que el cielo nocturno te envuelva. No hay, ya se ha dicho, una "forma correcta" de hacer la meditación sentada. Puedes sentarte en una silla confortable, o en el piso o sobre la cama, como sea. Escoge lo que funcione para ti.

Algunas personas se sientan en el piso, por lo regular sin apoyo u ocasionalmente contra la pared o un sofá, debido a que sentarse en el piso los mantiene más "presentes" en el espacio. Cuentan que si están demasiado cómodos, como sobre una silla mullida o en la cama, empiezan a tener sueño o a apartarse del momento. Cuando están sentados en el piso, o afuera en la hierba, eso rara vez ocurre. Están completa y mentalmente "presentes".

Una vez sentado, empieza a poner atención en tu respiración, cerrando los ojos y simplemente escuchándote inhalar y exhalar. Pon tu mente en blanco y presta atención sólo a lo que estás oyendo. Cuando te hayas "unido" —esta es la única palabra que parece adecuada aquí— con el ritmo de tu respiración, empieza a expandir tu atención a lo que tu "ojo interno" ve.

Por lo regular en este punto no hay nada sino oscuridad. Si estás viendo imágenes —es decir, "pensamientos pensados" acerca de algo y viendo eso en tu mente—, trata de eliminar esos pensamientos, como un "fundido en negro" en la pantalla de cine. Pon tu mente en blanco. Enfocando tu ojo interior, observa profundamente dentro de esta oscuridad. No busques algo en particular, simplemente observa profundamente, permitiéndote buscar nada y no necesitar nada.

Para mucha gente lo que sucede después puede ser a menudo la aparición de lo que semeja una pequeña "llama" azul parpadeante o una ráfaga de luz azul penetrando la oscuridad. Los meditadores descubren que si empiezan a pensar en ella cognitivamente —es decir, definiéndola, describiéndosela, tratando de darle forma y figura o haciéndola "hacer" algo o "significar" algo—, la llama desaparece de inmediato. La única forma que pueden "hacerla volver" es ignorándola.

Mucha gente tiene que esforzarse mucho para apagar su mente y estar sólo con el momento y la experiencia, sin juzgarlos, definirlos o tratando de hacer que algo ocurra o descifrarlo o entenderlo desde su centro lógico. Es más como hacer el amor. Entonces, también, para que la experiencia sea algo místico y mágico, la mayoría de la gente apaga su mente y sólo está con el momento y la experiencia, sin juzgarlos, definirlos o tratando de hacer que algo ocurra o descifrarlo o entenderlo desde su centro lógico.

La meditación es hacer el amor con el universo. Es unirse con Dios. Es unirse con el Ser. No es ser entendido, creado o definido. Uno no entiende a Dios, uno simplemente experimenta a Dios. Uno no crea a Dios, Dios simplemente es. Uno no define a Dios, Dios lo define a uno. Dios ES el definidor y lo definido. Dios es la definición en sí misma.

Inserta la palabra Ser dondequiera que la palabra Dios aparezca en el párrafo anterior y el significado sigue siendo el mismo.

Ahora, regresemos a la llama azul parpadeante.

Una vez que apartes tu mente de ella, mientras mantienes el enfoque todo el tiempo *en* ella, sin expectativa o pensamiento de cualquier tipo, la luz parpadeante puede reaparecer. El truco es mantener tu mente (o sea, tu proceso de pensamiento) lejos de ella, mientras mantienes el enfoque (o sea, tu completa atención) en ella.

¿Puedes imaginar esta dicotomía? Esto significa poner atención a lo que no estás poniendo atención. Es muy parecido a soñar despierto. Es como estar sentado en plena luz del día, en medio de un lugar con gran actividad, y poner atención a nada y a todo a la vez. No esperas nada ni pides nada ni notas nada en particular, pero estás tan *enfocado* en la "nada" y en el "todo" que al final alguien tiene que sacarte de ahí (tal vez literalmente chasqueando los dedos) diciendo "¡Hey! ¿Estás *soñando despierto*?".

Por lo común, uno sueña despierto con los ojos abiertos.

La Meditación Sentada es "soñar despierto con los ojos cerrados". Eso es lo más cerca que puedes llegar de explicar la experiencia.

Ahora la llama azul parpadeante ha reaparecido. Simplemente experiméntala y no intentes definirla, medirla o explicártela en ninguna forma. Sólo... cae dentro de ella. La llama parecerá venir hacia ti. Se volverá más grande en tu campo de visión interno. No es que la llama se mueva hacia ti, sino que eres *tú* moviéndote hacia y dentro de la experiencia de *Ella*.

Si tienes suerte experimentarás una *inmersión total* en esta luz antes de que tu mente empiece a contarte y hablarte acerca de ella, comparándola con Información del Pasado. Si tienes siquiera un instante de esta inmersión inconsciente, habrás experimentando la dicha.

Esta es la dicha del conocimiento total, la experiencia total del Ser como Uno con todo, con la Cosa Única que Existe. No puedes "intentar" esta dicha. Si ves la llama azul y empiezas a anticipar la dicha, la llama desaparecerá al instante, de acuerdo con la experiencia más común. La anticipación o la expectativa terminan la experiencia. Esto es porque la experiencia ocurre en el Eterno Presente, y la anticipación y la expectativa *la ponen en el futuro, donde tú no estás*.

Entonces, la llama parece "alejarse". No es la luz la que se ha ido, eres tú. Has dejado el Eterno Presente.

Esto tiene el mismo efecto en tu ojo *interior* que el cerrar tus ojos *externos* sobre tu experiencia del mundo físico a tu alrededor. Literalmente lo eliminas. La mayoría de los meditadores informan que este encuentro con la dicha no llega sino una vez cada mil momentos de meditación. Conocerlo una vez es al mismo tiempo una bendición y en cierto sentido una maldición, porque la gente siempre lo estará deseando de nuevo.

Aun así, puede haber ocasiones en que ellos se retraigan del anhelo, se aparten de la esperanza, abandonen sus deseos, rechacen sus expectativas, y se sitúen por completo en el momento, totalmente sin anticipación de nada en particular. Este es el estado mental que querrías tratar de alcanzar. No es fácil, pero es posible. Y si lo consigues, habrás logrado la no conciencia.

La no conciencia no es vaciar la mente, sino enfocar la mente *lejos* de la mente. Se trata de estar "fuera de tu mente", es decir, lejos de tus pensamientos por un rato. (Más sobre esto más adelante.) Esto te pone muy cerca de ese lugar entre reinos en el Reino de Dios, el espacio del Puro Ser. Esto te pone muy cerca del Nirvana. Esto te puede llevar a la dicha.

Así que... si has logrado encontrar la forma de acallar tu mente de manera regular —por medio de la Meditación Sentada, la así llamada Meditación Caminante, o "haciendo meditación" (lavar los platos puede ser una meditación maravillosa, como lo puede ser leer o *escribir* un libro), o la Meditación de Detenerse (de nuevo, hablaré de ello más adelante)—, habrás emprendido lo que puede ser el compromiso más importante de tu vida entera: un compromiso con tu Alma, para estar *con* tu Alma, para *encontrarte* con tu Alma, para *oír* y *escuchar* e *interactuar* con tu Alma.

De este modo irás a lo largo de tu vida no sólo desde el lugar de tu Mente, sino también de tu Alma. Esto es a lo que Ken Wilber, uno de los más ampliamente leídos e influyentes filósofos americanos de nuestro tiempo, se refiere en su libro *Una teoría de todo* como: Práctica Transformadora Integral. La idea básica de una PTI, dice Wilber, es simple: "Cuantas más dimensiones de nuestro ser ejercitemos simultáneamente, más probable es que tenga lugar la transformación".

Eso es de lo que hemos estado hablando desde que empezó nuestra conversación, por supuesto. Hemos estado hablando de la transformación personal, la modificación de tu experiencia individual de todo en la vida. Hemos estado hablando de integrar todas las tres partes de la Totalidad de Ti en un Todo cooperativo multifuncional.

Meditación Caminante

La técnica de meditación descrita anteriormente es una manera —y muy buena— de abordar el silenciar la Mente y conectarse con el Alma. Pero no es la única forma, ni es necesariamente para todos la mejor.

Hay mucha gente que encuentra extremadamente difícil sentarse en meditación silenciosa. Les parece como si el "arte de la meditación" fuera algo que les resultara imposible. La gente impaciente por naturaleza a menudo descubre que sentarse en meditación silenciosa no es una cosa que tolere bien. Para ellos se sugiere la Meditación Caminante y todo cambiará en torno a la idea de "meditación". De pronto es algo que pueden *hacer*.

Lo primero que ocurre cuando la gente aprende acerca de la Meditación Caminante es que toda su idea acerca de lo que *es* la meditación se desvanece por completo, para ser reemplazada por una imagen mucho más clara y concisa de lo que sucede.

Para la mayoría, la meditación siempre ha significado "limpiar la mente de todo", dejando espacio para que aparezca "el vacío", y así poder pasar con Conciencia Amplia hacia "la nada que es El Todo…", o algo así.

Se supone que intenten "vaciar la mente", piensan. Se supone que traten de sentarse en un lugar, cerrar los ojos y "pensar en nada". Esto vuelve locas a algunas personas, porque su mente ¡nunca se apaga! Siempre está pensando, pensando, *pensando* en *algo*.

Así, hay quienes nunca se sienten bien con sentarse con las piernas cruzadas, cerrar sus ojos y concentrarse en La Nada. Frustrados, casi nunca meditan y envidian a aquellos que dicen que lo hacen (aunque secretamente se preguntan si de verdad lo lograron, o simplemente pasaron por los movimientos sin hacerlo mejor que lo que ellos pudieron).

Por favor, ahora un relato acerca de una maestra que alguna vez dijo que la mayoría de la gente ha entendido mal por completo lo que es la meditación. Ella decía que no se trataba del *vacío*, sino de *enfoque*. En lugar de intentar sentarse quieto y pensar en nada, sugería hacer una "meditación caminante" y moverse, deteniéndose para *enfocarse* en cosas específicas que saltaran a la vista.

"Considera una hoja de hierba", decía. "Considérala. Vela de cerca. Mírala intensamente. Considera cada aspecto de ella. ¿Cómo se ve? ¿Cuáles son sus características específicas? ¿Cómo se siente? ¿Cuál es su fragancia? ¿De qué tamaño es, comparada contigo? Vela de cerca. ¿Qué te dice acerca de la Vida?"

Entonces, dijo, "*Experimenta la hierba en su Completud.* Quítate los zapatos y calcetines y camina en la hierba con los pies descalzos. No pienses en nada más que en tus pies. Centra tu atención en la planta de tus pies y considera inmensa y exactamente lo que estás sintiendo ahí. Dile a tu mente que no sienta nada más, tan sólo por ese momento. Ignora toda otra información entrante excepto la que viene de las plantas de tus pies. Cierra los ojos, si eso ayuda.

"Camina despacio y deliberadamente, permitiendo que cada paso lento y suave te hable acerca de la hierba. Entonces abre los ojos y mira toda la hierba a tu alrededor. Ignora toda otra información entrante excepto la que viene de tus ojos y tus pies acerca del pasto.

"Ahora enfócate en tu sentido del olfato, y ve si puedes oler la hierba. Ignora toda otra información entrante excepto la que viene de tu nariz, tus ojos y tus pies acerca del pasto. Ve si puedes enfocar tu atención de esta forma. Si puedes, experimentarás la hierba como nunca la has experimentado antes. *Sabrás* más acerca de la hierba de lo que jamás supiste antes, a un nivel más profundo. Nunca la experimentarás de nuevo de la misma manera. Te darás cuenta de que has estado *ignorando la hierba* toda tu vida."

Luego, dijo la maestra, haz lo mismo con una flor. "Considérala. Vela de cerca. Mírala intensamente (o sea, con *intención*). Considera cada aspecto de ella. ¿Cómo se ve? ¿Cuáles son sus características específicas? ¿Cómo se siente? ¿Cuál es su fragancia? ¿De qué tamaño es, comparada contigo? Vela de cerca. ¿Qué te dice acerca de la Vida?"

Entonces, dijo, "*Experimenta la flor en su Completud*. Acércala a tu nariz y huélela una vez más. No pienses en nada más que en tu nariz. Centra tu atención en tu nariz y considera inmensa y exactamente lo que estás experimentando ahí. Dile a tu mente que no experimente nada más, tan sólo por ese momento. Ignora toda otra información entrante excepto la que viene de tu nariz. Cierra los ojos, si eso ayuda.

"Ahora enfócate en tu sentido del tacto, y toca la flor con cuidado. Toca la flor y al mismo tiempo huélela. Ignora toda otra información entrante excepto la que viene de la punta de tus dedos y de tu nariz acerca de la flor. Ahora, abre los ojos y mira de cerca la flor. Ve si puedes aún oler la flor, ahora que está lo suficientemente lejos para verla y tocarla. Ve si puedes enfocar tu atención de esta forma. Si puedes, experimentarás la flor como nunca la has experimentado antes. *Sabrás* más acerca de la flor de lo que jamás supiste antes, a un nivel más profundo. Nunca la experimentarás de nuevo de la misma manera. Te darás cuenta de que has estado *ignorando las flores* toda tu vida."

Entonces, dijo ella, haz lo mismo con un árbol. Camina hacia un árbol y considéralo. "Velo de cerca. Míralo intensamente. Considera cada aspecto de él. ¿Cómo se ve? ¿Cuáles son sus características específicas? ¿Cómo se siente? ¿Cuál es su fragancia? ¿De qué tamaño es, comparado contigo? Velo de cerca. ¿Qué te dice acerca de la Vida?"

Y ella dijo: "*Experimenta el árbol en su Completud*. Pon tus manos sobre él y siéntelo totalmente. No pienses en nada más que en tus manos. Centra tu atención en tus manos y considera inmensa y exactamente lo que estás experimentando ahí. Dile a tu mente que no experimente nada más, tan sólo por ese momento. Ignora toda otra información entrante excepto la que viene de tus manos. Cierra los ojos, si eso ayuda.

"Ahora enfócate en tu sentido del olfato, y huele el árbol. Continúa tocando el árbol al mismo tiempo que lo hueles. Ignora toda otra información entrante excepto la que viene de la punta de tus dedos y de tu nariz acerca del árbol. Ahora, abre los ojos y mira de cerca el árbol. Obsérvalo y ve si puedes trepar con Conciencia Amplia hasta la punta. Ve si puedes aún oler el árbol, ahora que está lo suficientemente lejos para verlo. Sigue tocándolo. Ve si puedes enfocar tu atención de esta forma. Si puedes, experimentarás el árbol como nunca lo has experimentado antes. *Sabrás* más acerca del árbol de lo que jamás supiste antes, a un nivel más profundo. Nunca lo experimentarás de nuevo de la misma manera. Te darás cuenta de que has estado *ignorando los árboles* toda tu vida.

"Ahora, apártate del árbol y pierde contacto físico con él. Ve si puedes traer a tu mente la experiencia del árbol ahora que estás y lo ves de lejos. Experiméntalo completamente. No te sorprendas si puedes oler el árbol aun a distancia. No te sorprendas si puedes, en cierto sentido, incluso 'sentir' el árbol desde donde estás. Lo que pasa es que *te has abierto* a la vibración del árbol. Estás 'capturando la vibra'. Ve qué tan lejos puedes apartarte del árbol y aún mantener el 'contacto'. Cuando pierdas conexión con la experiencia del árbol, muévete más cerca, de regreso a él. Ve si esto te ayuda a recuperar el contacto.

"Este ejercicio te ayudará a desarrollar tu capacidad de *enfocar tu atención* en lo que quieras *experimentar a un nivel elevado.*"

"Ahora camina. Camina adonde sea que vivas. En el campo, en la ciudad, no importa. Camina despacio pero deliberadamente. Y mira a tu alrededor. Deja que tus ojos caigan donde sea. Tan pronto tus ojos encuentren algo, enfoca la totalidad de tu atención en ello. Puede ser cualquier cosa. Un camión de basura. Una señal de alto. Una grieta en la acera, una piedra en el camino. Velo de cerca, desde donde estés. Míralo intensamente. Considera cada aspecto de él. ¿Cómo se ve? ¿Cuáles son sus características específicas? ¿Cómo se siente desde donde estás? ¿Cuál es su fragancia? ¿Puedes sentirlo desde donde estás? ¿De qué tamaño es, comparado contigo? Velo de cerca. ¿Qué te dice acerca de la Vida?"

"Continúa tu caminata. Escoge tres cosas en ella para considerarlas de esta forma. Esta caminata debería tomarte al menos media hora. De entrada no puedes considerar tres cosas completamente en menos tiempo. Ya luego podrás considerar algo completamente en tan sólo un momento, en un nanosegundo. Pero ahora sólo estás practicando.

"Esta es la Meditación Caminante, y lo que haces es entrenar a tu mente para que *deje de ignorar* todo lo que estás experimentando. Estás entrenando a tu mente para *enfocarse* en un aspecto particular de tu experiencia, de modo que puedas experimentarla completamente."

Practica la Meditación Caminante de esta manera por tres semanas, dijo la maestra, y "jamás experimentarás la vida de la misma manera". Luego, da el paso final en la Meditación Caminante. Camina afuera, o adentro, no importa. Puedes caminar donde quieras. De la cama a la cocina servirá. Hay tanto que ver, tanto que tocar, tanto que experimentar. Puedes pasar tres horas tan sólo con la alfombra, y en ese momento ella dijo: "No escojas una parte específica de lo que estás viendo o confrontando. Intenta confrontarlo *todo*. Busca abarcar *todo*. Intenta enfocarte en *todo al mismo tiempo*.

"Aprecia la Imagen Completa. Cierra los ojos, si eso ayuda. Huele lo que estés oliendo, oye lo que estés oyendo, siente lo que sea que estés 'sintiendo' del espacio a tu alrededor. Entonces abre los ojos y agrega la vista. Ve todo lo que estés viendo, y nada en particular. Ve Todo. Huele Todo. Siente Todo. Si esto empieza a abrumarte, reenfócate en una Parte de Ello, para que no pierdas tu equilibrio psíquico.

"Con suficiente práctica, pronto podrás caminar en cualquier espacio o lugar y empezar a experimentar Todo en algún nivel. Te darás cuenta de que has estado literalmente *caminando en casa*. Habrás elevado tu Conciencia. Habrás aumentado tu Conciencia Amplia. Habrás expandido tu capacidad de estar Presente, plenamente, en el Momento.

"Ahora, haz esto con los ojos cerrados mientras estás sentado y tendrás la Meditación Silenciosa. Bum. Tan simple como eso."

Con ello, la maestra sonrió. "Luego inténtalo con el sexo", dijo. "Una vez que experimentes el sexo de esta forma, no querrás experimentarlo de nuevo de otra manera. Te darás cuenta de que toda tu vida *has estado ignorando lo que realmente ocurría*."

Y se rio.

MEDITACIÓN DE DETENERSE

A continuación, algunas palabras sobre Meditación de Detenerse.

Esta es una de las más simples pero a su vez de las más poderosas formas de meditación. La razón por la que es tan poderosa es que puede hacerse donde sea y toma muy poco tiempo. Por lo tanto es perfecta para la gente ocupada y "en marcha".

Meditación de Detenerse significa justo eso. Significa que detengas cualquier cosa que estés haciendo tan sólo un momento y pongas atención en alguna cosa relacionada con ello. Tú lo diseccionas en ese momento y luego miras de cerca una de sus piezas individuales.

Esta es una pequeña diferencia con la Meditación Caminante, ya que no toma media hora o más como aquella necesita. En la

Meditación Caminante deliberadamente caminas por el propósito deliberado de enfocarte deliberadamente en una experiencia deliberada. En la Meditación de Detenerse casi no empleas nada de tiempo, pero puedes conseguir la misma cosa: *enfocar*.

La Meditación de Detenerse puede practicarse en mitad de un día muy ocupado. *Combinada* con la Meditación Sentada y la Meditación Caminante, puede crear un poderoso Trío de Herramientas que puede modificar dramáticamente tu realidad y elevar tu Conciencia Amplia dentro de un periodo de tiempo muy corto. Aun si se practica como única forma de meditación, puede ser transformadora.

Aquí está cómo funciona la Meditación de Detenerse: Decide que seis veces el día de hoy (y cualquier día) detendrás cualquier cosa que estés haciendo por diez segundos y mirarás de cerca e intensamente una de las partes que compongan tu actividad.

Digamos que estás lavando los platos. Detén lo que estés haciendo por diez segundos —*pausa* justo a la mitad de ello— y observa profundamente un aspecto de lo que estás haciendo. Mira tal vez el agua. Vela salpicando en los platos. Ve si puedes contar las gotas de agua que caen del plato que tienes en la mano. Sólo cuenta las gotas de agua. Es una tarea imposible, pero empréndela como sea, sólo por diez segundos.

Considera la maravilla del agua. Mira profundamente en ella. Observa dentro. *Entra* al interior de tu Conciencia Amplia. Ve lo que experimentas ahí, ve qué encuentras. Sólo detente por un pequeño momento y aprecia ese momento de manera singular.

Bien, ahora esos diez segundos terminaron. Sal de esa realidad altamente enfocada y regresa al espacio más grande de tu experiencia. No te "pierdas" en ello. Parpadea rápidamente, o chasquea los dedos y literalmente despierta. Entonces date cuenta de lo que has experimentado en ese breve momento.

Ahora continúa con lo que estabas haciendo. Y no te sorprendas si aquello adquiere una cualidad totalmente nueva.

Lo que hiciste es apreciar verdaderamente algo. "Apreciar" algo es hacerlo más grande, como una propiedad, por ejemplo, aumenta su valor. Cuando practicas la Meditación de Detenerse, incrementas el valor de tu vida. Y de la vida misma. He experimentado que esto inevitablemente me regresa a un lugar de paz.

A fin de que recuerdes hacer esto seis veces al día, tal vez quieras tener un pequeño temporizador contigo, o poner una alarma en el reloj. Después, conforme te vayas acostumbrando a ello, tus pausas vendrán automáticamente a ti. Lo harás sin necesidad de un recordatorio.

Al caminar por la calle, simplemente detente por un momento y selecciona una porción de lo que estás viendo y vuélvela a mirar, de forma más profunda. Sabrás lo que ya sabes acerca de ello, pero lo sabrás de manera más profunda. Eso se llama "saber de nuevo" o re-conocer. El propósito de toda tu vida es simplemente eso: saber de nuevo, reconocer lo que es verdad y Quién Eres en Realidad.

Hay mil formas de hacer eso. Quizás al verte reflejado en un aparador. Tal vez cuando veas pasar un autobús, o te fijes en un perro por la calle, o en la piedra que está frente a tus pies. No importa en qué te enfoques durante esos diez segundos. Sólo detente por un instante y aprecia ese momento de manera singular.

Experimenta esto mientras haces el amor. Detén lo que estés haciendo por diez segundos, separa el momento en sus partes componentes, selecciona una parte del momento para observarla profundamente. Tal vez sea la mirada en los ojos de la persona que amas. Tal vez sea una sensación que estás percibiendo, o creando. Sólo detente por un pequeño momento y aprecia ese momento de manera singular.

Algunas personas dicen practicar la meditación en sus mismas actividades, y hacer el amor es una de ellas. Estar en la ducha es otra. Tomar sus alimentos es otra. Escoge un chícharo del plato, o un grano de maíz. Considéralo. Aprécialo. Saboréalo total y completamente. Tus horas de comida nunca serán las mismas. Bañarte tampoco será igual. Hacer el amor jamás será lo mismo. *Tú* no serás el mismo.

Esta es la Meditación de Detenerse. Toma un minuto al día. Sesenta segundos, en seis entregas individuales de 10 segundos. Seis momentos dentro de los cuales puedes producir La Experiencia Sagrada.

Hoy, detén lo que estés haciendo. Sólo *detente*. Mira profundamente en el Momento. Al menos cierra tus ojos y enfócate en el sonido de tu propia respiración. Experimenta la energía pura de la vida moverse a través de tu cuerpo. Sólo por ese Momento, escúchate respirar. Mírate hacer respiraciones profundas. Tan sólo escucharte te hace querer ir más adentro en la experiencia, y así empiezas a respirar más profundamente. Es una cosa maravillosa, una cosa extraordinaria. Sólo *detenerte* te hace ir más profundo. Más profundo en tu experiencia, más profundo dentro de la mente de Dios.

Programa de Meditación Recomendado

Este es un programa de meditación recomendado para mucha gente: *1)* Meditación Caminante en la mañana; *2)* Meditación de Detenerse durante el día, seis veces; *3)* Meditación Sentada por la noche.

El propósito de todas estas meditaciones es crear enfoque. Se trata de enfocar tu atención en tu experiencia. La razón para el enfoque: te permite estar aquí ahora. Enfocarse en el Ahora te saca fuera del ayer y fuera del mañana. Tú no existes en esas ilusiones. Tu única realidad es Este Momento, justo aquí, justo ahora.

La paz se encuentra en esta conciencia. Igual el amor. Pues la paz y el amor son uno y lo mismo, y tú te vuelves Uno y Lo Mismo cuando entras en La Experiencia Sagrada.

Practica la Meditación de Detenerse ahora mismo. Es simple y toma 10 segundos. Justo ahora sólo detente. Cierra tus ojos y sólo…

detente.

¿Lo hiciste? No fue tan difícil, ¿o sí? Ahora hazlo cinco veces más hoy. Tan sólo detente 10 segundos, cierra los ojos y respira tranquila y lenta y descansadamente… y sólo "sé con" el Momento, lo que sea que te esté ofreciendo.

Ahora continúa tu lectura aquí.

La Meditación del Quién

Hay otra maravillosa técnica de meditación llamada *La Meditación del Quién*. Y funciona así. Cuando estés experimentando una emoción que no quieres experimentar, sólo di "¿Quién?"

Eso es. Sólo di para ti mismo "¿Quién?". Pregúntate: "¿Quién está aquí ahora? ¿Quién es ese que está teniendo esta experiencia?".

Si estás solo, puedes incluso volver esto un breve canto. Puede ser muy poderoso. Sólo haz una respiración profunda y al exhalar suave y poderosamente canta: "¿Quiéeeeen?". Extiende el sonido de la vocal hasta que se te acabe el aliento. Entonces inhala y hazlo de nuevo. Hazlo tres veces. Habrás reducido tu vibración y la parte Invisible de ti tendrá una oportunidad para "mostrarse".

Si no estás solo sino en compañía de otros o en un lugar público, puedes hacer este pequeño canto dentro de tu cabeza. O sólo hacerte la pregunta que sugerí arriba...

"¿Quién es ese que está teniendo esta experiencia?"

Puedes por supuesto identificarte con alguno de la cantidad de "tús" que habitan tu mundo interior. Existe el Tú Pequeño y el Tú Grande, el Tú Lastimado y el Tú Sanado, el Tú Asustado y el Tú Valiente, el Tú Débil y el Tú Poderoso, el Tú Preocupado y el Tú Confiado. Pero la esperanza, ahora que has oído todo esto, es que cuando hagas la *Meditación del Quién* te cantes hacia la conciencia de tu ser más grande, de tu *verdadero* ser.

Tú no eres un ser humano. No eres la persona llamada Juan Pérez o María Sánchez. No eres tu Cuerpo, no eres tu Mente y no eres Tu Alma. Esas son cosas que Tú tienes. El Tú que tiene esas cosas —La Totalidad de Ti que le ha *dado* a tu Ser esas cosas— es por mucho más grande que cualquiera de ellos, aun poniéndolos todos juntos.

El Tú que eres es Dios, en una Forma Específica. Tú eres la Deidad Individualizada. Eres un Aspecto de la Divinidad. Y así es cada persona y cada cosa.

Medita estas cosas y no sólo conocerás la verdad, la *experimentarás*. Y con ello habrás logrado el propósito de tu vida entera. Habrás alcanzado otro momento de Completud.

∾

En la segunda Sección del apéndice hay mensajes que te son enviados ahora, aparentemente desde una Fuente afuera de ti. No importa cómo los percibas mientras los recibas.

Echa un vistazo a lo que enfrentas
en este momento, este mismo día.
¿Crees que esto es por accidente?

*Estos eventos están diseñados para darte
una oportunidad para expresar y experimentar
quien eres en realidad justo aquí, justo ahora.*

∾

*Tú que estás vivo en esta
extraordinaria época estás siendo testigo
de una revolución en la conciencia de la humanidad
y su experiencia de sí misma. De hecho,
estás creándola.*

∾

*Tal vez la manera de enfrentar los desafíos
del mañana no sea utilizar las soluciones de ayer,
sino atreverse a pensar lo previamente impensable,
decir lo previamente indecible,
e intentar aquello que previamente
estaba fuera de la cuestión.*

∾

*El cambio es un anuncio
de la intención de la Vida de seguir adelante.*

∾

*La manera de vivir sin miedo
es saber que cada resultado
en la vida es perfecto, incluido el resultado
que más temes, que es la muerte.*

∾

Muchas personas se hacen infelices a sí mismas
simplemente al encontrar imposible aceptar
la vida tal como se desarrolla ahora mismo.

∾

¿Sabes por qué estás vivo?
Para dar voz y acción y materialidad a Dios.
Todo lo demás es irrelevante.

∾

¿Cómo tener una actitud positiva en mitad de todo
lo que sucede? Tienes que quererlo.
Tienes que ver el regalo en lo que
ocurre. Y no, eso no es siempre
fácil. Pero es posible.

∾

La manera más rápida de llegar a un lugar
de amor y preocupación por toda la humanidad
es ver a toda la humanidad como tu familia.

∾

Haz hoy la misión de tu vida
llevar a la atención de alguien más
lo extraordinarios que son.
Dilo. Dilo. Dilo.
Su corazón espera saber que
su mejor pensamiento acerca de sí mismos puede ser creído.

❧

Nada cambia el ambiente como
una persona que decide amar a otra,
sin importar nada más.

❧

No somos sólo criaturas biológicas,
el resultado de una casualidad de procesos químicos,
andando por la Tierra tratando sólo de superarlo todo
con un mínimo de daño a nosotros mismos y a los demás.
Somos creaciones de la Deidad, Productos de lo Divino,
Individualizaciones de Dios. Somos Expresiones Singulares
de La Singularidad, Elementos Esenciales
de la Esencia de la Vida Misma.

❧

El Cuerpo cree que tiene una agenda que es importante,
y la Mente imagina que su agenda
es vital para tu supervivencia. Pero mientras mayor eres
más te das cuenta de que es la Agenda del Alma
y sólo la Agenda del Alma lo que importa.

❧

No existe
lo "opuesto" del Amor.
El Amor es la única energía en nuestra realidad
que no tiene opuesto, aunque
hay muchas expresiones del Amor
que parecen su opuesto.

APÉNDICE

*Sólo un Maestro puede ver que
son todas lo mismo… y así, sólo un Maestro
puede entender, y por tanto no tiene siquiera que
perdonar, aquello que se hace en nombre del Miedo.*

~

*No puedes cometer un error,
puedes sólo tomar una decisión
que será tu próximo paso importante.*

~

*Todos los retos son una señal de
fortaleza espiritual, y de la
disposición del Alma
para seguir adelante; para evolucionar
aún más.*

~

Nota del editor original: Cada día se envía a quien lo solicite un pensamiento inspiracional, tomado de los mensajes de *Conversaciones con Dios,* con sólo suscribirse a un servicio gratuito de *www.cwgtoday.com.* Lo anterior es una muestra de estos mensajes diarios. Mientras más Conciencia creas como si te llegara desde un lugar aparentemente fuera de ti, más la experimentarás llegándote desde un lugar en lo profundo de tu interior. Disfruta los mensajes de ambas maneras, pues la Vida informa a la Vida acerca de la Vida por medio del Proceso Mismo de la Vida, y tú *eres* ese proceso.

Puntos de contacto

Se puede encontrar más información sobre el material de este libro en *www.cwgtoday.com,* el cual, como se señaló en el Epílogo, es un portal hacia muchas extensiones de los mensajes de *Conversaciones con Dios.* Existe una gran cantidad de material de apoyo en los múltiples sitios abiertos en este portal, así como oportunidades para unirse a otros en todo el mundo en la expresión de Lo Único Que Importa en situaciones sobre el terreno.

Puede resultarte interesante observar a una mujer de Argentina que llama vía Skype con una pregunta relacionada con distinguir la diferencia entre los mensajes del Alma y los de la Mente. Este video se encuentra en…

www.TheOnlyThingThatMatters.net/video

Se pueden encontrar más poemas de Em Claire en *www. EmClairePoet.com.* Sus fans disfrutan en especial sus grabaciones de audio, ya que ofrecen su propia interpretación oral, además del impacto de sus propias palabras. Las grabaciones, así como un libro para regalo, *Silent Sacred Holy Deepening Heart,* del que se han extraído los poemas aquí incluidos, están disponibles en su sitio web.

"¡Sal afuera y juega!"
dijo Dios.
"¡Te he dado Universos como campos para correr libre en ellos!
Y esto —tómalo y envuélvete en él—
se llama: AMOR
y siempre, *siempre* te mantendrá caliente.
¡Y las estrellas! ¡El sol y la luna y las estrellas!
Mira hacia ellas a menudo, ¡pues te recordarán tu propia luz!
Y los ojos… oh, mira en los ojos de *todos* los Amantes;
mira en los ojos de *todos* los Demás
pues te han dado *sus* Universos
como campos para correr libre en ellos.
Toma.
Te he dado todo cuanto necesitas.
¡Ahora ve, ve, *ve afuera*
y
juega!

"Sal afuera y juega"
© 2007 Em Claire